열평
짜리
공간

나눔페이퍼
캠페인

✳ 〈열 평 짜리 공간〉은 어르신들의 정성과 노력으로 모은
폐지로 재탄생 된 나눔 페이퍼와 함께합니다.

이
창
민

지음

환경일보 出版

SNS작가 이창민의 저서 〈열 평짜리 공간〉은 대한민국 청년들이 겪고 있는 고민이 고스란히 배어 있습니다. 불확실한 미래에 대한 현실 인식에서 새로운 탈출구를 찾아내는 과정은 그 자체가 개척정신에서 나오는 듯합니다. 저자가 제시하는 주거 대혁명과 혁신 방안이 주거와 결혼, 출산 등으로 고민하는 많은 젊은이들에게 도전하는 용기를 심어주기를 기대합니다. 비록 돌파구가 제대로 보이지 않는 현실일지라도 분명히 방법이 있음을 잊지 않기를 바랍니다. 책 〈열 평짜리 공간〉이 미래의 꿈을 영글게 하고 현실화시킬 열정 가득한 공간이 되었으면 좋겠습니다.

● **정갑윤** 前 국회부의장(5선, 울산 중구), 국민의힘 상임고문

대한민국 1호 SNS작가 이창민 청년이 〈열 평짜리 공간〉을 발간합니다. 공간에 대한 이해와 창의성이 돋보이는 내용입니다. 미래세대의 유능한 감각을 새삼 발견할 수 있었습니다. 평소 '청년이 살아야 나라가 산다'라는 생각에 청년들이 기뻐고, 희망 품고 살 수 있는 나라 만들어보고자 청년 기본법을 대표 발의해 통과시키기도 했습니다. 공간은 수백만 년 전 인류가 만들어졌던 순간부터 인류 혁신의 첫 번째 대상이었습니다. 이제 그 공간이 본격적으로 변하고 있습니다. 단추 하나로 벽체가 움직이기도 합니다. 자동차가 이동 수단을 넘어 주거, 일터의 공간이 될 것이라 예측합니다. 차원을 넘어 메타버스의 시대가 돌입되고 있습니다. 이창민 씨가 꿈꾸는 창조적 공간 속에서 미래세대가 움츠린 어깨를 펴고 힘찬 희망의 나래를 펄럭일 수 있기를 응원하겠습니다.

● **이원욱** 제19, 20, 21대 국회의원(경기 화성시을, 제21대 국회 과학기술정보방송통신위원회 위원장)

민병두 TV 나도 한마디 방송에 SNS작가 이창민 씨가 출연해 청년기본법과 청년 주거문제 관련으로 함께하면서 청년 문제 비롯해서 주거 문제에 관심이 많은 친구라 좋은 기억과 추억이 있습니다. 이번에 SNS문화진흥원을 만든데 이어서 펴내는 책 <열 평짜리 공간>은 대한민국 주거에 대한 새로운 가치와 비전을 제시하는 책입니다. 이 책은 그렇기에 대한민국 미래 가치이며, 특히 '주거보험'은 창의적이고 혁신적인 아이디어로서 새로운 기적을 만들기를 소망합니다.

● **민병두** 제18대 보험연수원장, 제20대 국회 후반기 정무위원회 위원장, 제17, 19, 20대 국회의원

최근 쏟아지고 있는 청년 정책 및 공약들을 살펴만 보아도 알 수 있듯, 주거는 오늘날 청년 세대의 겪고 있는 여러 문제 해결에 있어 매우 핵심적인 영역입니다. 책 속 주거 대혁명과 공간 혁신 제언을 바탕으로, SNS작가 이창민님의 저서 <열 평짜리 공간>이 주거 빈곤을 겪고 있는 우리 청년 세대의 아픔을 어루만지고, 향후 주거 문제 해결의 열쇠가 될 수 있으리라 기대합니다:)

● **김지윤** 국무총리 청년정책조정위원회 실무위원

<열 평짜리 공간>은 인생 속에서 큰 의미를 가지고 있는 '주거'와 '공간'에 대한 이야기를 청년과 미래세대의 시각으로 담아낸 책입니다. 최근 대두되고 있는 주거 불평등과 주거에 대한 미래세대의 고민, 해결책을 제시해 주며 많은 귀감을 주기에 추천드립니다.

● **이제우** 청소년·청년 활동 문화확산 단체 <커넥션> 대표

경제적 능력이 부족한 청년들에게는 주거 문제가 현실적으로 큰 부담이자 짐일 수밖에 없습니다. 이 책에서 제안하는 솔루션은 저자가 직접 현장에서 부대끼며 현장에서 찾은 솔루션이라서 정부가 사회경제적 기반이 약한 청년층에게 주거사다리를 마련하는 데 있어 해결의 단초를 제공하고 있습니다. "모진 비바람에도 끄떡 않던 아름드리 나무들이, 꼿꼿하게 고집스럽기만 하던 그 소나무들이 눈이 내려 덮이면 꺾이게 됩니다." 법정 스님의 〈무소유〉 중에서 나오는 글입니다. 눈처럼 가볍고 금방 녹아 사라지듯 아무런 영향력도 없고, 별반 가치도 없는 것처럼 보이는 미약한 활동일지라도 순수한 의지와 실천이 조금씩 쌓여 가다 보면 기어코 커다란 아름드리 나무 가지들을 꺾고 만다는 놀라운 삶의 지혜입니다. 중요한 것은 속도가 아니라 방향입니다. 이 책에서 제시된 해결책을 통해 세대 간, 계층 간 사회통합을 이룬 대한민국 미래를 상상합니다.

● **이주연** 넷임팩트코리아 청소년활동가, 진천서전고

현시대를 살고 있는 청년들 중 대다수는 주거공간에 대한 걱정과 두려움 속에 살고 있습니다. 이창민 작가님의 경험에서 집필한 책 〈열 평짜리 공간〉은 좁은 공간 안에서 느끼는 청년들의 아픔과 감정을 대변하며, 그 공간 안의 삶 속에서 생각하게 되는 시대 흐름에 따라 변천하는 공간에 대한 가치와 인식, 그리고 시간이 흘러갈수록 더욱 뚜렷해지는 주거공간의 양극화와 같은 사회적 문제에 대한 고찰, 더 나아가 미래 공간의 긍정적인 변화를 바라는 목소리가 담겨 있습니다. '열 평짜리 공간'이라는 키워드에서 시작하는 주거 대혁명의 꿈이 모두에게 깊이 있게 전달되기를 소망합니다.

● **안태영** 도휘에드가 대표이사(서울 5개 역세권 청년주택 신축공사 시행사)

주거공간은 개인의 삶을 지탱하고 규정짓는 토대입니다. 이 예민한 국민적 이슈에 대하여 국내 1호 SNS 작가이자 (사)SNS문화진흥원 이창민 이사장이 펜을 들었습니다. 8년여에 걸쳐 약 1만명 이상의 다양한 인사들과의 소통과 3권의 저서를 내공 삼아 주거에 대하여 전방위적인 비판적 고찰을 시도하고 있습니다. 그의 주거 평론은 열 평짜리 개인적 체험으로부터 출발하여, 주거에 대한 사회경제적 담론, 급기야 메타버스와 같은 가상 공간에까지 거침이 없습니다. 제가 몸담고 있는 토목건설이 "지구를 조각한다"라는 자부심으로 표현되듯, 이창민이 엮어내는 주거 담론은 어떤 모습일지 궁금하지 않으십니까

● **이영열** ㈜삼호개발 사장, 前 문화체육관광부 저작권국 국장

안정적으로 정주할 수 있는 주거 공간의 마련은 인간의 의식주 중에서 가장 중요한 부분이고 나아가 안정된 사회형성의 기반이 되는 중요한 요소일 것입니다. 이창민 작가님의 책 〈열 평짜리 공간〉은 작가님이 1인 가구로서 좁은 주거 공간에서 느꼈던 공간에 대한 아픔을 창의적 공간 혁신을 위한 노력과 도전으로 승화하고자 한 글자 한 글자 녹여낸 책이라고 할 수 있습니다. 또한 이 책은 1인 가구 증가와 더불어 주거 양극화가 심화되고 있는 사회적 문제 해결의 방향성을 제시하는 인사이트가 아닐까 생각해 봅니다.

● **반상훈** ㈜정주건설 대표 (MBC 구해줘 홈즈 소개 협소주택, 스키니집 건축전문)

저자는 〈열 평짜리 공간〉에서 대한민국을 살아가는 한 명의 청년으로 느끼는 불안과 암울한 미래 속에서 공간의 불평등과 불균형을 '주거 판갈이론'을 통해 깨고, 제3의 공간으로서의 가능성을 디지털 공간의 혁신 속에서 찾아보자고 이야기하고 있습니다. '세계 주거의 날(World Habitat Day)', '집은 인권'이라는 외침이 허공에 맴도는 공허한 말이 아닌, '단 한 명의 국민도 포기하거나 소외됨 없는 주거정책'을 펼치기 위한 노력으로 이어지기 위해서는 새로운 시각과 논의가 필요합니다. 지금부터라도 〈열 평짜리 공간〉이라는 책에서 다양하게 제시한 주거 혁신의 대안을 통해 '집은 인권'이라는 울림이 사회를 관통하는 가치로 자리매김하게 되길 기대해봅니다.

● **조은주** 경기도일자리재단 청년일자리본부장, 국무총리 청년정책조정위원회 민간위원

열 평짜리 공간에서 주거하며 느꼈던 서러움과 고통, '보이지 않는 미래'를, '우리가 바꾸는 미래'로 전환해가고자 하는 의지와 메시지가 큰 울림을 줍니다. 청년 당사자로서의 고민과 불안함을 담담하게 이야기하면서도 거기에서 그치지 않고, 주거 대혁명과 공간에 대한 혁신 운동의 필요성을 당당하게 외치는 SNS작가 이창민의 용기와 소신을 응원합니다. 삶의 현장에서 이끌어올린 따끈따끈하고 탄탄한 그의 문제의식과 비전이 더욱더 널리 전해지기를 바라며 〈열 평짜리 공간〉을 추천합니다.

● **김보람** 마츠시타정경숙 39기

저자의 열 평 남짓 공간은 도시의 가장자리로 내몰린 주거 난민의 삶을 반추한다. 급증하는 1인 가구 10명 중 7명이 저소득층인 현실 속에, 도시를 헤매는 이들에게 주어진 집은 인간다운 생활을 영위할 수 없을 만큼 협소한 공간이다. 저자의 표현처럼 '쉬고 싶은데 쉴 수 없는' 주거공간은 기댈 곳 없이 내몰리고 내몰리다 가까스로 확보한 고립무원일 뿐이다. 갈수록 좁아드는 벽은 현실의 장벽으로까지 느껴진다. 그러나 단칸방은 비록 좁을지언정, 저자가 품은 한편의 꿈은 결코 작지 않다. 그가 던지는 새로운 관점과 희망의 메시지로 말미암아 내일엔 모두가 보다 행복해질 수 있지 않을까 하는 기대를 품어본다.

● **김동희** 청년활동가

부산 출신 청년이자 SNS작가로 기억하는 이창민 씨가 지은 책 〈열 평짜리 공간〉은 대한민국 주거에 대한 새로운 혁신과 경험을 전하는 책입니다. 이 책은 대한민국이 직면한 심각하고 앞으로 가장 먼저 해결해야 될 문제를 청년, 청소년들이 일찍부터 인식하고 관심을 높여 보다 나은 미래 또는 사회를 만들 수 있는 계기를 제공할 것입니다. 가치를 학교 교육 비롯한 다양한 곳에서도 많이 다뤄지고 활용되어 대한민국 미래 발전에 기여할 수 있기를 바랍니다.

● **하윤수** 제37대 한국교원단체총연합회 회장, 교육부 국가교육과정 정책자문위원회 위원

SNS작가 이창민 님의 저서 〈열 평짜리 공간〉을 추천합니다. 제가 공무원 노조 활동을 하면서 알게 된 SNS작가 이창민 님의 〈열 평짜리 공간〉 책 속에는 본인이 경험한 일들과 기성세대·미래세대가 함께 고민해야 하는 부분들이 잘 표현된 듯합니다. 작가의 진솔함, 어려운 상황에서도 따뜻한 마음이 느껴졌습니다. 코로나로 힘든 독자들에게 큰 희망이 전해지길 바랍니다.

● **오재형** 전국시도교육청공무원노동조합 위원장

현재 시점 대한민국 핫이슈는 단연코 부동산이라 할 수 있습니다. 해답도 찾지 못하고 미래를 이끌어갈 청년세대를 좌절시키는 주제입니다. 그렇다고 체념만 하고 절망만 할 수는 없습니다. 실제로 오랫동안 10평 월세살이를 해온 사회운동가이자 청년 이창민은 꽉 막힌 부동산 문제에 대한 나름의 해법을 제시할 뿐만 아니라, 과거 세대와 미래 세대, 가난한 자와 부자, 청년과 노인의 공존을 포함한 모두가 공감할 수 있는 희망을 제시합니다. '열 평 살이'라는 작은 모티브에서 거대한 담론을 이끌어내는 멋진 지적 여행을 함께 해보시기 바랍니다.

● **조영탁** 휴넷 대표이사

우연한 기회에 책 한 권을 접하게 되었는데, 대한민국 청년이자 SNS작가 이창민 씨가 앞으로 대한민국 1인 가구를 비롯한 주거에 대한 관점과 새로운 가치를 혁신적으로 표현해 준 책으로, 행정 또는 전문가적 관점과는 또 다른 체험과 청년 자주적 주거 생각과 가치를 보면서 2022년에는 주거 관련 사회적인 계몽 또는 계기가 정말 필요하다는 생각이 들게 만드는 책이었습니다. SNS작가 이창민의 책 〈열 평짜리 공간〉이 더 많은 사람들에게 촛불이 될 수 있도록 저도 함께하겠습니다.

● **양향자** 제21대 국회의원, 前 더불어민주당 최고위원, 前 국가공무원인재개발원 원장, 前 삼성전자 상무

우리의 미래를 열어갈 청년 세대들, 그들의 살아있는 고민을 읽어 볼 수 있는 책 〈열 평짜리 공간〉. 이 책에 담긴 진솔한 내용과 미래 비전으로 든든해지는 마음이 생긴다. 책을 읽는 모든 이들이 청년 세대의 꿈을 함께 응원하도록 만드는 따뜻함이 가득하다.

● **고찬수** '결국은 콘텐츠', '인공지능 콘텐츠 혁명', '스마트TV혁명' 저자, PD

SNS작가 이창민과 '2021 서울 청년 정책 대토론' 대회에 출전하는 특별한 경험을 함께하면서, '청년 삶의 공간'이라는 토론 주제로 머리를 맞대며 주거 빈곤에 놓인 MZ 세대가 주거권을 보장받지 못하는 주거문제의 심각성을 느낄 수 있었다. 〈열 평짜리 공간〉이라는 책은 서러움과 고통의 열 평짜리 공간에서 생존 사투를 벌이는 독거 청년의 치열한 생존 스토리를 담고 있다. 〈열 평짜리 공간〉은 주거 대혁명과 공간에 대한 혁신의 씨앗이 되어 우리가 바꾸는 미래(우바미)에 멋진 꽃을 피울 수 있는 책이라 말하고 싶다.

● **김진이** 메타휴먼 대표, (사)한국정보통신윤리지도자협회 회장

대한민국 전반에 부동산을 비롯한 주거 문제가 사회에서 점점 많이 발생하는 상황 속에서 이번 책을 접하면서 드는 생각과 느낌은 청년을 비롯한 미래세대 그리고 1인 가구들에 대한 사회적 문제가 앞으로 더욱 크게 발생할 상황에서 주거 관련으로 대한민국 청년의 목소리와 가치를 보면서 새로운 자극과 계기가 된 책이라 할 수 있습니다. SNS작가 이창민의 책 〈열 평짜리 공간〉은 대한민국 주거 혁신의 시작이자 미래가 될 수 있는 책이라 생각해서 적극 추천합니다.

● **김승원** 제21대 국회의원(경기 수원시갑, 국회 운영위원회 위원), 더불어민주당 원내대표 비서실장

이창민 SNS작가가 청년의 눈으로 바라본 주거문제를 다룬 책 <열 평짜리 공간>을 발행했습니다. 이 책은 저자가 지난 8년간의 경험 속에서 '사람이 살아가는 공간으로서의 주거'에 대해서 이야기하고 있습니다. 주거공간에 대한 가격 폭등으로 주거에 대한 불안감이 사회적으로 팽배하고 있는 실정입니다. 이 책에서 저자는 1인 가구 청년 미래세대들과 독거노인들의 공간에 대한 불안감을 비롯해서 공간과 주거에 대한 대한민국 모든 세대를 아우르는 고민을 담아내고 있습니다. 책 <열 평짜리 공간>을 통해 저자의 사람에 대한 깊고 따뜻한 마음과 주거 대혁명의 비전이 널리 전해지기를 바랍니다.

● **김호일** 대한노인회 회장, 한국건설정책연구원 이사장

다양한 아이디어와 창의적인 도전으로 이웃과 함께 하는 국내 SNS 1호 이창민 작가가 새로운 책 <열 평짜리 공간>을 발간하게 된 것을 먼저 진심으로 축하한다. 작가는 주거에 대한 대혁명과 혁신이 꼭 필요한 시기에 주거 공간에 대한 큰 변화가 이루어지기를 소망하며 이번 책을 집필했다고 한다. 현재 사단법인 SNS문화진흥원 이사장으로 활동하고 있는 저자가 이번 신간 <열 평짜리 공간> 발간을 계기로 ICT분야 및 SNS문화의 올바른 확산을 위해 더 큰 성장을 이룩하기를 기원한다.

● **김홍기** (사)한국사보협회 회장

책 <열 평짜리 공간>에 대한 내용을 접하면서 드는 생각은, 우리 사회에서 소외되고 힘들고 아프고 가난한 사회적 약자분들에게 도움이 되는 역할과 의미를 하고자 정치활동을 하고 있는 정치인으로서 이번 책을 통해서 1인 가구를 비롯한 대한민국 전반의 주거 문제에 대한 SNS작가 이창민 씨의 진정성과 생각 그리고 비전이 담긴 내용을 기반으로 현장과 체험을 기반한 주거 대혁명과 대전환의 가치가 과거 이슈 된 영화 <우리 생애 최고의 순간>, 우생순처럼 책 <열 평짜리 공간>도 많은 분들에게 이슈와 2022년 대표되는 콘텐츠이자 책이 되길 응원합니다.

● **임오경** 제21대 국회의원, 더불어민주당 원내부대표, 前 핸드볼 감독

국내 1호 SNS작가 이창민은 부산 출신으로 서울에 와서 열 평짜리 집에서 살고 있다. '월세, 10평'이라는 물리적 조건은 그에게 중요하지 않다. 그는 이곳에서 공간에 대한 걱정과 두려움을 '우리가 바꾸는 미래'로 치환하고 상상한다. 그리고 이를 용기와 도전정신으로 승화시킨다. 여기서 K-청년 이창민을 만난다. 그를 볼 때마다 한류의 본질은 사람임을 절감한다.

● **정길화** 한국국제문화교류진흥원장

공간이라는 일상적이고 사소한 단어에 대한 작가의 새로운 철학적 시각이 기대되는 책이다. 개인적으로는 작가의 화려하고 큰 공적 이력의 공간 뒤에 가려져 있는 소박한 사적 공간을 들여다볼 수 있는 뜻밖의 소중한 기회! 설레이는 공간으로의 초대에 감사의 마음을 보낸다.

● **정연주** 생각루틴디자이너, ㈜가치 대표

SNS작가 이창민의 네 번째 책 〈열 평짜리 공간〉 출판을 진심으로 축하드립니다. 주거 불평등과 주거에 대한 고민을 청년, 청소년 미래세대, 노인뿐 아니라 엄마 또는 어머니의 입장과 마음에서도 주거에 대한 고민과 해결이 필요한 상황과 시대여서 오히려 부모님들 비롯한 기성세대들이 더 많이 읽어보면 좋겠다는 생각을 하게 된 책으로서 적극 추천하고 응원합니다.

● **임서영** 영재교육 전문가, 임서영 영재교육연구소 소장

국내 1호 SNS작가 이창민 님의 생존 스토리를 통해 슈바베 지수로 나늴 수 있는 미래세대의 고충에 크게 공감되며, 눈에 보이는 열 평짜리 공간에 대한 미래 불안감을 대신할 디지털 공간과 SNS가 미래세대가 만들어 갈 수 있는 미래 가치로 자리매김할 것이라 생각합니다. 책 〈열 평짜리 공간〉을 통해 청년들에게 전하고자 하는 공간의 가치 변화로 인해 공간에 대한 변혁의 메시지가 잘 전달되고, 주거보험이라는 사회보장제도 제안까지 처음으로 표현된 책인만큼, 〈열 평짜리 공간〉이 미래세대들에게 희망과 혁명의 열쇠가 되길 바랍니다.

● **서정애** 1만 6천 명 여성단체 한중국제영화제 로즈레이디 사무총장

국내 1호 SNS 작가 이창민 님을 알게 되면서 진솔한 그의 매력에 친분이 싹트게 되었습니다. 인플루언서 관련 기업을 운영하고 있다 보니 올바른 SNS 생태계 조성을 위해 신념을 가지고 헌신해온 사단법인 SNS문화진흥원의 스토리가 더 크게 와닿았습니다. 다양한 걱정과 두려움을 안고 살아가는 청년들의 멤버십을 운영 중인 입장에서, 저 또한 '열 평짜리 공간'에서 오래 살아본 사람으로서 이 책이 1인 가구 및 미래세대의 주거환경 개선에 유의한 울림이 되기를 바랍니다. 작가님의 열정이 많은 사람에게 선한 영향력을 행사하리라 믿습니다.

● **이지호** ㈜플렉스걸 대표이사

소통과 나눔의 청년이자 SNS작가 이창민의 책 〈열 평짜리 공간〉을 통해 한 청년의 공간 관련 경험과 생각이 서러움과 아픔의 공간에서 희망과 행복이 있는 공간까지, 개인뿐만 아니라 수많은 사람 또는 심지어 국가의 미래나 성장에도 중대한 영향력과 파급력이 있다고 할 수 있는 부분들이 최근 들어서 부동산 비롯한 공간에 대한 사회적인 문제나 이슈들까지 등 사람에 대한 애정을 작가의 평소 삶처럼 따뜻한 진정성과 가치를 느낄 수 있는 신간, 동시대를 살아가고 있는 기성인으로서 많은 독자분들에게 추천을 드립니다.

● **김영배** 대한민국사회공헌재단 이사장, 한국서비스산업진흥원 이사장

항상 '공감'을 표현하기는 쉬운데 진실한 공감은 어렵습니다. 진짜 공감은 그 입장이 되어 생각하고 또한 경험하는 것이 중요합니다. 이창민 SNS 작가의 책 〈열 평짜리 공간〉은 같은 입장, 같은 시선에서 바라봤기에 주거 공간에 대한 청년들의 생각을 공감할 수 있습니다. 무엇보다도 진솔하게 담은 생각의 나열이 청년들뿐만 아니라 청년들의 고민을 이해하고 싶은 많은 독자에게도 많은 도움이 될 것입니다. 이 책을 읽은 수많은 독자들의 목소리가 변화와 혁신의 단초가 되기를 바랍니다.

● **허성호** 더함아이디어스 대표이사

국내 1호 SNS작가로 알게 되었는데, 알면 알수록 그 진면목이 기대되는 사람이었습니다. 〈열 평짜리 공간〉이라는 책을 읽으면서 지금 우리 MZ세대는 이른바 죽음의 '주거 게임'을 치르고 있다는 것을 느꼈습니다. 과거에는 주거문제 하나가 생명을 위협할 정도는 아니었습니다. 하지만 2022년을 살아가는 현재는 주거문제 하나만으로도 목숨을 위협받을 만큼 심각한 위기에 봉착해 있습니다. 이 책은 주거 상실의 시대에 신음하는 MZ세대에 희망의 메시지를 전달할 것입니다. 이 책을 읽고 주거문제에 대해 현명하게 바라보게 되는 상상을 해봅니다.

● **오병호** 2018 대한민국 인재상 수상자, 한국재정지원운동본부 이사, 한국 ESG 협회 전문위원

SNS작가 이창민으로 활동하기 전부터 같이 봐온 사람으로서, 8년 동안 책을 이번 책까지 총 4권을 출판하면서 꾸준히 활동과 성장을 하고 있는 대한민국 청년이 직접 만든 책 〈열 평짜리 공간〉은 특히 기존 인터뷰나 SNS 그리고 ICT 기술 기반 책이 아닌 대한민국 1인 가구 또는 예비 1인 가구들을 위한 진심과 경험 그리고 아이디어가 담긴 책에 도전했다는 자체만으로도 많은 분들이 관심과 성원 그리고 책을 읽어봐주시면 좋겠다는 생각이 드는 책입니다.

● **김선우** 복지TV 사장

나눔페이퍼 캠페인과 함께해 주신 이창민 SNS 작가님의 저서 〈열 평짜리 공간〉을 진심으로 추천합니다. 많은 생각이 들게 하는 책입니다. 미래세대의 안타까운 주거 현실을 걱정하는 청년작가의 따뜻하고 진솔한 마음이 잘 표현되고 느껴졌습니다. 이 책을 통해 좁디좁은 공간에서 열악한 독거생활을 하시는 폐지 수거 어르신들이 떠올라 안타까움이 더욱 느껴져 더 열심히 활동하고 노력하기로 다짐을 하게 되었습니다 주거문제로 힘든 생활을 하시는 미래세대와 독거노인들께 힘이 되고 도움이 되는 소중한 책이 되길 기원합니다. [친환경 재생 종이를 사용하고 책의 수익금으로 폐지 수거 어르신들을 돕는 나눔페이퍼 캠페인에 동행해 주신 작가님의 따뜻한 마음에 진심으로 감사드립니다.]

● **박경태** 폐지수거 어르신과 동행하는 (사)끌림 회장

청년들의 행복한 미래를 선도하기 위해 대한민국 SNS 1호 청년작가로 꼽히는 이창민 님과 함께 〈열 평짜리 공간〉이라는 책을 출간하게 되었습니다. '열 평짜리 공간'은 작다면 작고 크다면 클 수 있는, 꿈을 키우는 소중한 공간이기도 합니다. 저 역시 저자처럼 20대 청년 시절 서울이라는 낯선 도시, 열 평도 채 안 되는 작은 공간에서 성공의 꿈과 희망을 키워왔습니다. 부디 이 책이 비록 작은 시작이지만 큰 꿈을 실현하고자 하는 모든 이들에게 희망과 용기를 주고, 열정을 펼쳐 보다 나은 내일을 찾아가는데 길잡이 지침서가 되길 희망합니다. [이 책은 어르신들이 모은 폐지로 재탄생된 재생 종이(나눔 페이퍼)로 만들어집니다.]

● **이미화** 환경일보 발행인, 사장

대한민국 모든 이들에게 전하는 메시지

반갑습니다, 독자 여러분. 저는 대한민국 1호 SNS작가 이창민입니다. 2013년 가을부터 2022년 1월까지 8년 동안 국내 1호 SNS작가로, SNS 문화 분야 최초 사단법인 SNS문화진흥원 이사장으로 활동하고 있습니다. SNS는 단순히 소통하는 도구에서 1인 미디어로 발전했습니다. SNS 미디어에 기반하여 활동하는 프리랜서라는 직업이 생겼고 SNS 미디어 시장 또한 성장했습니다. 특히 유튜버, BJ, 크리에이터, 인플루언서, 왕홍, 셀럽 등은 SNS 미디어에 기반하여 다양한 변화를 불러일으키고 가치를 생산하고 있습니다. 앞으로 SNS에 기반하여 경제와 사회 전반이 발전하면서, SNS는 대한민국의 미래에 중요한 키워드이자 트렌드가 될 것으로 생각합니다.

SNS작가로서 〈병자〉, 〈세상을 보는 안경 세안〉, 〈믿어줘서 고마워〉 등을 출판하고 활동하면서 저의 운명과 가치는 과거보다 많이 달라지고 변화했습니다. 저 혼자 노력으로 그렇게 된 것은 아닙니다. SNS 친구들, 저를 믿어준 가족과 주변 지인들, 저와 좋은 인연으로 함께하며 도움을 준 분들이 있었기에, 작가 이창민은 부족하나마 조금씩 발전하면서 앞으로 나아갈 수 있었다고 생각합니다.

2013년부터 지금까지 활동한 시간은 저에게 정말 특별한 시간이었습니다. 희로애락을 겪으며 소중한 경험을 한 8년이란 시간이 간접적으로나마 사람들에게 좋은 가치와 경험을 제공할 수 있다는 믿음에서 이번 책을 준비하게 되었습니다.

이번 책 〈열 평짜리 공간〉은 지금까지 제가 작업했던 책과는 전혀 다른 도전의 책입니다. 저는 이번 책이 대한민국의 주거 혁명과 변화, 디지털 공간과 시장을 이야기하고 만들어내는데 기여하는 '기적의 책'이 되기를 소망합니다. 이번 책은 SNS작가로서 인터뷰나 ICT 분야의 기술을 담은 책이 아니라, 미래세대를 비롯한 1인 가구의 공간에 대해 필자의 경험과 메시지를 담은 새로운 도전의 책입니다. 이 분야의 전문가는 아니지만 새로운 생각과 관점에서 1인 가구의 공간 문제에 도움이 되는 책으로, 이번 책은 기존에 제가 집필해온 책과는 다르지만 새로운 의미에서 독자들께 다가가고 싶은 책입니다.

마지막으로 SNS 친구들(카카오스토리, 페이스북, 인스타그램)과 가족 그리고 저를 믿고 응원하는 모든 지인께 감사의 말씀을 드립니다. 또한, 제가 SNS작가에서 사단법인 SNS문화진흥원까지 SNS 분야의 가치와 역사를 만드는 과정에 함께하시며 후원·협찬해 주시는 분들을 비롯하여 (사)SNS문화진흥원의 홍보대사와 모든 구성원께 진심으로 감사의 말씀을 드립니다. 특히, 복지TV 김선우 사장님, 사단법인 끌림 박경태 회장님, 환경일보 이미화 대표님, 캘리그래퍼 이상현 작가님, 가치 정연주 대표님, 바른얼굴윤곽연구소 남수현 원장님, 플렉스걸 이지호 대표님을 비롯해 비록 저의 작은 이야기와 생각이지만 독자 여러분께는 큰 가치와 의미가 되기를 진심으로 소망하면서, SNS작가 이창민의 경험과 생각을 담은 책 〈열 평짜리 공간〉의 진정성과 의미를 전합니다.

2022년 1월
SNS작가 이 창 민

The 2nd space 보이지 않는 미래,
서러움과 고통의 열 평짜리 공간

The 1st space

독거 청년과 독거노인,

열 평짜리 공간

혼자 지내야 할 공간과 상황을 마주할 땐
최대한의 긍정과 설렘이 필요하다.

첫 독립
시작이자 데뷔,

열 평짜리 공간

2017년 겨울 어느 날, 서울에 처음 이사를 오게 되었다. 그동안 주변의 도움을 받으며 여러 곳을 옮겨 다니면서 지냈지만, 처음으로 집을 구하는 것부터 여러 가지를 혼자서 준비해야 했다. 주변 사람들이 이사나 집 구하는 일을 편하게 이야기해서 안심했으나, 직접 집을 구하고 이사하려니 그리 쉬운 일이 아니었다.

집을 구하는 일은 하루아침에 되는 것이 아니었고, 상황이나 운 등 여러 가지 변수가 너무나 많았다. 몇 달 전부터 사전 계획을 짜고 준비하면서 다양한 상황에 대비하는 연습이 필요하다는 생각이 들었다. 이사를 자주 한 사람들은 잘하겠지만, 특히 이사나 집 구하는 일을 처음 하는 때는 누군가의 도움이 필요하다고 느끼게 되었다.

집을 구할 때 매번 직접 보러 다녀야 하니 힘들었고, 경험이 부족한 데다 비용이 생각보다 많이 들어가게 되는 상황이 되면 매우 힘들었다. 그래서 월세든 전세든 딱 금액에 맞춰서 생각하기보다 조금 더 여력을 가지고 집을 구하러 다녀야 한다는 점을 강조하고 싶다. 그뿐만 아니라 이사할 때 경비나 용역 비용에도 대비하는 게 좋다고 말하고 싶다.

딱 맞추어 준비했다고 생각하고 준비한 것을 실행에 옮기려 했으나 여러 가지로 추가되는 비용이 생각보다 많았다. 이런 추가되는 부분에 대비해서 1인 가구가 처음 이사할 때는 정부나 지자체에서 지원하거나 서포트할 필요가 있다고 생각했다. 한 차례 경험한 이후에는 경험이 있으니 대비하거나 대안을 마련할 수 있지만, 처음 이사하던 때를 생각해 보니 여러 가지로 힘든 일이 적지 않았다.

집을 구할 때 겪는 또 다른 어려움은 집안 시설이나 집을 보는 안목이 부족하다는 것이었다. 안목이 부족하거나 경험이 없어 집을 구하다가 놓치거나 실수하여 후회하는 부분도 있었다. 그래서 사전 연습이나 대비가 필요하다는 생각이 들었다. 집의 겉모습뿐만 아니라 집 내부의 조건이나 시설 상황을 살필 수 있어야 하는데, 지금 직접 보고 있는 집 이외에 대안이 될 수 있는 집이 없어서 비교하며 살필 수 없었다.

집을 구하고 만족하는 때도 있지만, 필자가 처음 집을 구한 2017년부터 지금까지 집을 구해 이사하는 사람들에게 궁금하여 물어보면, 대부분 후회하거나 미숙했다고 이야기한다.

필자는 이사한 이후 현재까지 열 평도 되지 않는 한 자릿수 평수의 공간에서 지내고 있다. '열 평짜리 공간'이라고 책 제목을 정한 이유이다. 이제부터 '열 평짜리 공간'의 의미와 생각을 전할 예정이니, 독자들은 항상 바쁜 일상이겠으나 관심을 가지고 시간을 내서 책을 읽었으면 좋겠다고 말하고 싶다.

저자는 청년으로서 혼자 집을 구하고 지내면서 느낀 여러 가지 생각을 정리해서 청소년과 청년 그리고 미래세대를 포함해 처음 독립하게 되는 모든 사람을 대상으로 주거 환경에 관한 책을 출판하게 되었다. 처음 작가로 데뷔할 당시에는 여러 가지 변수와 어려움이 있었고, 지금도 계속 성장하려고 노력하는 상황이지만, 정답은 아니어도 힌트는 될 수 있겠다는 마음에서 고민 끝에 주거 환경을 주제로 〈열 평짜리 공간〉을 집필하였다.

이번 책은 이전에 집필했던 책과 전혀 다른 내용과 의미를 담고 있어서 필자에게는 큰 도전이자 혁신이라고 생각한다. 2017년 이후로 1인 가구를 비롯해 주거에 관심이 높아지고 있지만, 사회에서 발생하는 현상에 대해 보여주는 관심만큼 주거에도 관심을 끌고 참여를 촉진하는 데 조금이나마 도움이 되었으면 하는 바람이다.

열 평짜리 공간에 대한
설렘과 기대

처음으로 혼자 지낼 집을 구한 후 걱정과 두려움도 많았지만 설렘과 기대도 컸다. 그동안에는 항상 가족이나 누군가와 함께 지냈다. 그러나 앞으로는 혼자 새로운 집에서 지내야 한다고 생각하니 MBC의 〈나 혼자 산다〉, SBS의 〈미운 우리 새끼〉를 비롯해 수없이 많은 리얼 예능 또는 관찰 예능, 특히 혼자서 지내는 모습을 미디어에서 보게 될 때 설렘과 기대가 더욱 커졌다.

하지만 그 설렘과 기대는 그리 오래가지 않았다. 혼자 생활하며 해야 할 일이 많았지만, 혼자 무엇을 챙기고 준비해야 하는지를 전혀 몰랐기에 설렘과 기대는 오래가지 않았다. 그러나 무언가를 찾고 도전하고 마련해야 한다는 부분에서는 새로운 설렘과 기대를 하게 되었다. 게임에서 생존을 위한 아이템 같은 무언가를 마련하듯이 준비하자고 생각하니 훨씬 마음이 긍정적으로 되면서 편안해졌다.

혼자 지내야 할 공간이나 상황을 접할 때는 최대한 긍정과 설렘을 가져야 할 필요가 있다. 사람이 처음에 행복과 설렘을 가지면 그런 마음이 오래도록 지속되면서 어떠한 상황 속에서도 긍정적인 영향을 미치거나 긍정적인 가치를 주는 때가 많다. 그래서 집을 구한 후 가장 먼저 앞으로 지내야 할 집의 창문에서 보이는 바깥 모습을 찍었다. 날씨가 좋은 날이어서 선명하게 찍을 수 있었다. 이후에도 창밖으로 보이는 다양한 건물과 공간과 하늘을 보면서 처음 이사하였을 당시에 가졌던 긍정적인 생각을 유지할 수 있었다.

그래서 처음 이사하였을 당시의 상황과 경험, 그리고 이사를 준비하는 상황을 기록한 것이나 사진으로 추억할 때마다, 처음 이사 당시 힘들기도 했으나 긍정적인 생각이나 설렘 또는 기대가 있었던 마음을 떠올릴 수 있었고, 내가 지닐 수 있는 공간이 있는 것에 감사하는 마음에서 설렘과 희망이 조금이라도 생길 수 있었다.

열 평짜리 공간에서의
첫날밤

그리고 두려움

　　새로 이사한 집에서 첫날밤을 보내게 된 상황에서 혼자 집에 있으니 편한 감정도 들지만, 한편으로는 두려움도 가득했다. 앞으로 혼자서 모든 상황에 대처하며 생활해야 한다고 생각하니 걱정이 많이 되었다. 과거 군대 입대 첫날, 부모님과 작별 인사하고 함께 입대한 사람들과 훈련소 배치 전 입소 대대에서 같이 지냈던 첫날밤이 생각났다.

　　그때 사회에서 가져온 물건과 물품을 전부 집으로 보내고, 군복 등 모든 물품과 일상생활이 완전히 변하는 데 놀라면서도 그런 상황에 스스로 적응하고 있는 사실이 매우 신기했다. 혼란을 겪으며 정신이 없어 어리둥절한 상황에서 첫 점호를 받았고 여러 가지 색다른 경험을 한 후 잠을 청하게 되었다. 그런데 그날 잠이 오지 않았다.

　　정신적으로 긴장한 상태에서 지금 처한 상황과 앞으로 미래에 대해 불안한 마음이 생겼고, 무엇보다 지금 누워있는 공간에 적응하지 못했다. 가족의 집에서만 생활하다 국방의 의무로 입대한 사람들과 한 공간에서 함께 생활하고 잠을 잔다는 사실이 상당히 낯설면서 긴장되었다. 군대 훈련 일지나 수양록(일기장 같은)을 쓰기도 하고 행복했던 순간을 떠올리기도 하면서 마음의 불안과 긴장을 달래며 극복하려고 노력했다.

혼자 새로 이사 온 집에 누워있으니 과거 훈련소 입대 첫날 잠들지 못했던 밤이 생각나면서 여러 가지 감정들이 마음속에서 맴돌았다. 혼자 집에 있을 때 더 힘들거나 어려웠던 점도 떠오르고 더 나아진 부분도 동시에 생각났다. 과거에 정신없는 상황에서 혼자 지낸 경험(부모님 집, 지인 집, 군대, 숙박, 노숙 등)이 있다 보니 부정적인 부분도 생각났지만, 긍정적인 부분도 조금씩 생각이 났다.

예를 들면, 혼자라서 앞으로 걱정되기도 했으나 혼자이기에 자신에게 집중하고 여유를 찾을 수 있다는 생각도 들었다. 가족이나 군대 등 집단에 있을 때는 내 시간 또는 내 일정이 자유롭지 못하고 항상 상황이나 집단의 일정에 최대한 맞춰야 했다. 그러나 이제 혼자 지내게 되니 시간을 자유롭게 조절하고 내가 하고 싶은 일을 하는 등 일상에서 여유를 찾으면서 선택을 할 수 있다는 기대감도 커졌다.

필자가 과거를 회상하는 이유는, 사람은 자신이 겪은 것을 떠올리며 안도하거나 대안을 찾으려는 생각을 무의식적으로 하기 때문이다. 그래서 사회활동 경험이 많거나 여행하며 도전적이었던 사람은 상황에 빠르게 적응한다. 반면에, 1인 가구 또는 청소년, 청년들은 이러한 경험이 거의 없어서 새로 이사 온 집에서 혼자 잠을 자거나 앞으로 상황에 적응하려면 여러 가지 심리적인 적응 즉, 마인드 컨트롤이 필요하다고 생각한다.

새로 이사 온 첫날부터 지금까지 혼자 잠드는 상황에서 필자의 심리는 매일매일 달랐다. 지금은 상당히 적응했지만, 적응하는 데 필요한 시간은 사람마다 다를 것이다. 그러므로 평소에도 조금씩 혼자 지내며 연습하거나, 기회가 있다면 적극적으로 체험할 필요가 있다는 생각이 들었다. 청소년, 청년은 1인 가구를 체험하거나 1인 가구에 관심을 가지고 활동하는 것이 더욱 필요하다고 생각한다.

혼자서 지내야 하는 상황에서 가장 중요한 요소는 마음 건강이다. 그래서 혼자 있는 상황에 적응하고 자기 발전을 이룰 수 있도록 취미를 갖거나 마음을 안정시킬 수 있는 어떠한 요소가 필요하다. 특히, 이사 온 첫날에 혼자서 막연하게 부딪히기보다 주변 이야기를 듣는 등 간접 경험하며 생각하거나 연습한다면, 사람이 백신을 맞으면 병을 이겨내거나 적응하듯이 훨씬 마음이 안정되고 상황에 대처할 수 있다. 처음 혼자 살게 될 때 이러한 부분이 꼭 필요하다.

©이시유

공간에 대한 적응과
살기 위한 몸부림

이사하고 늦게 잠을 청한 상황에서 다음날에는 어떤 부분이 필요한지에 대해 여러 가지 고민과 생각을 하게 되었다. 다행히 인터넷이 발달하여 1인 가구에게 필요한 물건이나 1인 가구가 부닥치는 상황 등에 관한 여러 가지 콘텐츠를 유튜브를 비롯한 다양한 매체에서 찾아볼 수 있었다. 이러한 콘텐츠를 보며 조금씩 위안을 느꼈고 다양한 경우를 간접 경험할 수 있었다.

1인 가구 생활을 위한 콘텐츠를 제공하고 경험을 공유해 준 모든 사람에게 진심으로 존경과 감사의 말을 전하고 싶다. 앞으로 1인 가구와 관련한 다양한 간접 경험과 빅데이터가 더 많이 필요할 것이다. 인터넷이나 스마트폰이 발달하지 않았던 과거에는 무엇이든 혼자서 해결하다 보니 시행착오가 많았고 난처한 경우도 많았지만, 앞으로는 어떠한 상황 또는 내용을 검색하여 얻은 정보대로 실행해도 해결되는 경우가 생각보다 많을 것이다.

앞으로 혼자 살게 될 것에 대비하여 집을 구하는 것이나 1인 가구로 살아가는 데 필요한 여러 가지 내용에 일찍부터 관심을 가져두는 게 필요하다. 1인 가구 생활에 편하게 적응한다면 사회생활에도 훨씬 빠르게 적응할 수 있을 것이다. 이러한 점이 TV 미디어에서 김병만의 〈정글의 법칙〉, 〈강철 부대〉 또는 생존 다큐 등 서바이벌 관련 콘텐츠가 인기 있는 이유라고 생각한다.

공간에 최대한 빠르게 적응하기 위해서는 나의 물건 또는 라이프 스타일을 집에 적응할 수 있게 만드는 것이 중요하다고 생각했다. 이사할 때 가져온 물건을 정리하고 필요한 물품을 새로 채우다 보니 심신이 조금씩 안정되면서 점점 나아지는 것을 느낄 수 있었다. 여기서 포인트는 조금씩 꾸준히 하는 것이 중요하다는 것이다.

무언가를 한꺼번에 다 하거나 해결할 수 있다는 생각보다 조금씩 하나씩 해나가면서 체크하는 것이 좋다. 즉, 몰아서 한다는 생각보다 조금씩 나눠서 한다는 생각이 매우 중요하다고 할 수 있다. 좁은 공간이니 일이 적을 것으로 생각하지만, 막상 무엇인가를 해나가거나 적응하거나 준비하려면 생각보다 일이 많기 때문이다.

이럴 때는 바로 메모 또는 체크리스트가 필요하다. 필자는 하나씩 적어두고 완료하면 삭제하는 식으로 해나가는 스타일로 풀어갔다. 그렇게 하니 무언가 조금씩 성취한다는 느낌이었고, 나아지거나 발전한 부분을 눈으로 직접 보면서 진행하니, 마치 게임 퀘스트를 하듯이 상황에 안정적으로 적응할 수 있었다.

©이시유

과거에 수학여행이나 여행을 갈 때 부모님이나 주변 사람들이 함께 짐을 쌌던 경험이 있을 것이다. 어떠한 상황에서 필요한 물건들을 자기 생각 또는 뇌를 믿기보다 적어두었기에 훨씬 안정적으로 체크하거나 정리할 수 있었고, 기억의 착오에 따른 혼란과 어려움을 줄이는 데도 큰 도움이 되었다.

하루 만에 모든 것을 끝내는 것이 아니라 하루하루 살아가면서 발전하고 나아지는 인생과 같이, 하루하루 지내면서 작은 것이 조금씩 모여 큰 것이 되게 하고 나에게 이해되거나 와닿게 하는 것이 적응과 생존을 위한 몸부림의 포인트이다.

◆

서툰 생존과 세팅

그리고
　　무모한 도전

　　이사한 이후 혼자서 무언가를 시작한다는 것에 정말 서툴러서
스스로 스트레스를 받거나 화가 날 때도 있었지만, 반대로 혼자서
무언가를 조금씩 해내면서 나아지는 모습에 신기하다는 생각이 들
었다. 혼자 생활하며 스스로 생존하는 방식을 알게 되면서 다양한 시
도를 해보려 했다. 하지만 다양한 시도나 도전은 스스로 감당할 수 있
는 범위 안에서만 하는 것이 좋다는 이야기를 꼭 하고 싶다. 자신이
소유하지 않은 집에서 무언가를 더 벌이거나 만들면 나중에 감당 못
할 경우도 있기 때문이다.

　　서툰 세팅과 도전에 도움이 될 수 있게 필자의 경험을 적어본다.
혼자 사는 집에 준비하고 도전할 게 많겠느냐고 생각하지만, 반대로
혼자라서 여러 명이 사는 집과 또 다른 상황이 있다.

　　첫 번째, 구급상자와 구급약품을 미리 준비해둔다. 어느 집단이
나 생활하는 곳에든 항상 구급상자와 약품들이 필요하다. 갑자기 무
슨 구급상자와 구급약이냐고 말할 수 있겠지만, 혼자 지낼 때 아픈
상황만큼 힘들고 서러운 경우가 없다. 크게 아파 병원에 가야 할 경우
도 있지만, 혼자 지내다 보면 다양하게 아픈 상황이 발생할 수 있어서
이러한 때에 대비하여 구급상자와 구급약을 준비해두면, 아픈 상황

에서 요긴하게 사용할 수 있어 마음이 안정된다. "혼자 지내는데 아픈 일이 있겠어"라고 건강을 자신하거나 안일하게 생각하는 경우가 많은데, 아픈 경우가 생각 외로 많으니 미리 대비할 것을 추천한다.

두 번째, 생활에 필요한 용품과 소형 공구를 가지고 있으면 좋다. 집에서 생활하다 보면 전등을 교체하고 어떠한 물건이나 장비를 설치, 교체, 수리해야 하는 경우가 있다. 전문가나 누군가가 와서 도움을 줄 수 있으면 다행이지만 그렇지 못한 경우에는 스스로가 알아서 해결해야 한다. 큰 것이 아닌 소형 공구, 생필품 등 생활에 필요한 물품을 미리 갖출 것을 추천한다.

세 번째, 방 구조를 종이나 어딘 가에 그려 시뮬레이션하고 방에 필요한 물품을 마인드맵하면서 구조화하는 것이 좋다. 군에 있을 당시 재산대장 또는 물건 리스트를 작성하여 체크하거나 활용하는 법을 배웠는데, 집에 필요한 물건이 어디에 뭐가 있는지를 적어두거나 체크해두면 훨씬 안정적으로 생활할 수 있다. 이러한 체크리스트는 엑셀이나 한글과 같은 문서 프로그램으로 작성하여 활용하면 크게 도움이 된다. 젊다고 자신의 기억을 자신하기보다 혼자 지내다 보면 정신없거나 놓치거나 잊게 되는 경우가 생각 이상으로 많으니, 메모 또는 시스템화해서 체크하는 것이 가장 정확하면서도 안정적인 방법이라고 생각된다.

네 번째, 세 번째에서 말한 대로 방에 필요한 것을 체크해 보면 옷장, 물건 놓는 곳, 욕실, 냉장고, 가전 장비, 힐링과 수면에 필요한 것 등이 있다. 이사한 이후 자신의 키워드나 주제에 따라 필요한 물건을 하나씩 갖추면 과소비를 줄이고 필요 없는 물건에 지출을 최소화할 수 있다. 혼자 사는 곳에서는 많으면 좋기도 하지만, 반대로 짐이 되어 다른 필요한 것을 못 놓게 될 수도 있다. 정해진 공간 안에서 채워야 하고 필요한 것을 다 챙겨야 하는 상황이므로 밸런스가 가장 중요하다고 할 수 있겠다.

필자의 경험이나 상황이 모두 정답일 수는 없다. 혼자 살면서 겪는 다양한 상황이나 경험을 적은 글이나 콘텐츠가 요즘에는 각종 사이트나 플랫폼에 많다. 그러므로 1인 가구로 살게 되는 순간 또는 상황에서 조금씩 이러한 글이나 콘텐츠에 관심을 가지면 생활하는 데 도움이 될 것이다. 무엇보다 필자가 전달하는 작은 정보나 상황이 누군가에게는 큰 도움이나 의미가 될 수 있을 것이다.

4년 가까이 혼자 지내고 있으나 여전히 서툴고 새로운 분야나 상황이 많다는 것을 생각하면, 상황에 대처하는 안정감이나 밸런스가 가장 중요하다고 말하고 싶다.

열 평짜리 공간에서
옷에 대한
여러 가지 생각

　혼자 살면서 제일 큰 고민거리이자 서툰 부분은 바로 옷이었다.
옷 관리가 쉽지 않았다. 세탁기가 있어도 옷 관리가 서툴다 보면 옷이
변색 되거나 관리할 수 없는 상태가 되어버리게 되는 경우가 많았다.
관리해야 하는 옷을 구분하지 못하거나 서툴게 관리하면, 살쪄서 옷
을 입지 못하는 경우보다 옷에 생각지 못한 이상이 생겨 아깝게 버리
게 되는 경우가 많았다.

　옷을 너무 많이 가지고 있어도 문제가 되고, 적게 가지고 있어도
문제가 되었다. 봄, 여름, 가을, 겨울 별로 입는 옷이나 상황이 다르니,
계절별로 옷이 적절하게 있어야 한다. 그런데 처음 이사 왔을 때 가지
고 있던 옷이 계절에 맞지 않거나 생활하다 보면 상황이 달라지기도
하는데, 가지고 있는 옷의 계절 밸런스가 맞지 않아서 정말 난감해지
는 경우가 생각보다 많았다.

특히, 좁은 공간에서 골치 아프게 하는 문제가 바로 빨래를 널거나 옷을 관리하는 공간이 턱없이 부족하다는 것이었다. 가족과 함께 있거나 넓은 집에서 지낼 때는 옷을 잘 관리할 수 있는 옷장이 있고 세탁한 옷을 널 수 있는 공간이 충분한데, 집이 좁을수록 빨래와 옷을 관리하는 일이 쉽지 않았다.

좁은 공간에서는 건조나 옷 관리가 어려워서 세탁소나 코인 세탁기를 이용하는 경우가 많은데, 이런 때도 사는 곳 주변에 세탁소나 코인 세탁기가 있다면 다행이지만 없는 곳이 생각보다 많으므로 대비해야 한다.

계절의 변화나 상황에 따라 옷을 준비하게 되는데, 봄, 여름, 가을, 겨울옷을 모두 보관하거나 유지한다는 것이 정말 쉽지 않다. 특히 입는 옷 말고도 신발이나 속옷, 양말 그 외 필요한 액세서리 등 혼자 지내면서 관리해야 하는 물건이 생각보다 많으므로 끊임없이 고민하게 되는 상황이 생기게 된다.

옷을 두고 고민하거나 생각을 많이 하지만, 경제적 여력이나 집 공간의 여건에 따라 생각이 다양해질 수밖에 없다. 혼자 지내기 전부터 옷을 보관, 유지, 관리하는 데 관심을 가져야 하고, 자기 옷을 혼자 사는 집과 가족의 집에 나누어 보관할 필요가 있다. 그래야 가족들을 만나는 명분도 생기고, 옷을 챙기면서 가족도 보고 마음도 따뜻해지기 때문이다.

혼자 지내게 되는데도 상황을 고려하지 않고 있는 옷 없는 옷 다 들고나오는 바람에 옷이 아니라 짐이 되는 경우도 많았다. 그래서 옷을 버리게 되거나 생각지 못한 경우가 생기면 난처해졌다. 옷을 렌트하거나 협찬받을 수 있는 사람은 렌트하거나 협찬받지만, 협찬을 받더라도 대부분 옷 사이즈가 크거나 너무 작아서 직접 구매하지 않으면 유지하기 힘들다.

건조기가 있는 집은 행운이지만, 건조기가 없는 집이 많아서 빨래를 고민하지 않을 수 없다. 계절에 따라 집의 층수나 조건에 따라 상황이 다르므로 상황에 맞게 적용할 필요가 있다. 특히 좁은 집에서는 빨래하면 집이 더 좁게 느껴지므로 생존하기 위한 공간의 중요성을 여기에서도 알 수 있다. 공간이 의식주에 미치는 영향은 정말 다양하다.

음식과의 전쟁
그리고

귀차니즘

　　혼자 지내면서 가장 어려웠던 부분은 바로 음식과의 전쟁이었다.
요리하고 뒷정리하는 일이 정말 힘들고 어려웠다. 가족과 함께 있을
때나 주변에 누군가가 있는 경우에는 음식을 같이 챙겨 먹으니 요리
때문에 생기는 고민이 없었다. 그러나 혼자 생활하게 되면서 요리가
가장 큰 숙제가 되어버렸다.

　　특히 요리한 음식과 식재료의 관리가 어려웠다. 필자는 외부에
서 강연하거나 멀리 출장을 다녀오는 경우가 많아서, 바쁘게 활동하
다 보면 음식에 대해 좋지 못한 경험을 하는 경우가 참 많았다. 혼자
살면서 하다 보면 나아지는 것들이 있지만 그렇지 못한 경우가 바로
음식과 식재료 때문에 생기는 1인 가구의 애로사항이다.

　　이러한 애로사항 때문에 대한민국은 빠르고 편한 음식을 찾게
되었다. 코로나19 상황에서 더욱 배달의 천국이 되어버렸고, 그래서

혼자 지내는 사람들의 건강 또는 라이프가 오가닉이 아니라 인스턴트로 되어버렸는지도 모르겠다. 이런 것들 역시 혼자 살거나 좁은 공간에서 발생하는 문제 중 하나라고 할 수 있다. 좁은 공간에서 혼자 할 수 있는 요리나 식재료의 관리 그리고 정리가 제약적이기 때문이다.

예를 들어 마트에 가서 식재료와 필요한 것을 사 와서 요리한다고 생각해 보자. 요리에 필요한 재료를 사러 가는 시간과 에너지가 필요하다. 요리하는데 초보자이므로 서툴러 시간과 에너지를 더 많이 들여야 하고, 요리에 서툴다 보니 맛이 없어 현타를 겪는다. 요리한 후 정리하는데 시간과 에너지를 소모하게 되고, 하루 이틀이 아니고 계속 누적되면 귀차니즘과 생각지 못한 데미지가 쌓여서 지치는 경우가 많았다. 혼자서 매일매일 치르는 전쟁이었다.

요리해서 먹는 것이 배달해서 먹는 것보다 훨씬 정성도 들어가고 좋지만, 바쁘게 활동하는 사람이 혼자서 감당하기에는 한계가 있다는 것을 절실하게 느끼게 되었다. 1인 가구 사람들의 다양한 기호와 스타일에 맞는 음식이 많이 생겨나고 있지만, 자신에게 맞는 음식을 찾는 일도 쉽지 않다. 바로바로 해서 먹는 음식이나 음료는 괜찮지만, 그 외에 관리해야 하거나 음식을 여러 번 해서 먹어야 하는 경우는 특히 주의해야 한다.

상한 음식을 먹고 생각지도 못했던 탈이 나 병이 발생하는 경우가 많기 때문이다. 필자는 아직 그런 경우를 겪지 않았지만, 주변에서 식중독이나 상한 음식을 먹고서 배가 아픈 경우를 많이 듣거나 보았다. 식재료 역시 마찬가지다. 음식 쓰레기가 상해서 생기는 초파리는 정말 최악 중의 최악이라 할 수 있다. 혼자 독립하기 전에 요리, 식재료의 보관, 음식의 관리를 공부해야 한다. 전문가는 아니어도 최소한의 경험이나 연습은 필요하다고 말하고 싶다.

특히 남성은 요리할 때 서툴거나 어려워하는 경우가 여성보다 상대적으로 많으므로 관심을 가지고 유념할 필요가 있다고 생각한다. 청소년, 청년은 1인 가구가 되기 전에 요리에 관해 전반적으로 이해하는 것이 배달 음식이나 인스턴트 음식을 먹더라도 장기적으로 생활하기 위해서는 필요하다고 말하고 싶다.

채워도 채워지지 않는
무
언
가

집을 이사한 후 혼자 생활하면서 필요한 물건을 하나둘씩 채웠지만, 정작 내 마음은 점점 무언가 부족하다고 느끼게 되었다. 혼자 생활하면서 공간이 발전하면 자신의 행복과 목표를 향해 나아갈 수 있지만, 생존에 매달려 당장 필요한 것을 채우는 데만 급급하다 보니 정작 내 마음에는 부족함과 나태함이 생겨나기 시작했다.

심지어 쉬는 날에 혼자 여유 있는 상황이라고 생각하면서도 정작 마음 한편에는 혼자 사는 집을 비롯해 미래에 대한 고민과 불안감이 더욱 커졌다. 또한, 마음이 '잔고 없는 통장' 같은 느낌이 들면서 고민과 고뇌가 깊어졌다. 물건이나 무언가를 채우면 마음도 채워지고 여유가 있을 줄 알았으나 오히려 반대의 상황이 될 수도 있다는 것을 느낄 수 있었다.

어느 날부터 필요한 물건을 제외하고 정리하고 비우기 시작했는데 확실히 효과가 있었다. 새로운 변화를 만들고 새로운 기운을 맞이하려면, 오래도록 쟁여두거나 쌓아두지 않고 비우면서 채우고 닦아나가는 그릇과 같은 것이 사람의 마음이라는 생각이 들었다. 끊임없이 신경 쓰고 챙겨야 하는 부분을 물건이나 어떤 상품에 의존해서 스스로 면피하려 했던 거는 아니었는지 하는 생각이 들었다.

생활 패턴이나 라이프 스타일을 정리하고 리뉴얼하는 것은 내 마음과 내 주변이 변화하는 데 의미 있는 영향을 미친다는 생각이 들었다. 또한, 걷기나 액션이 있는 취미 활동 하나는 꼭 해보는 게 좋겠다고 생각했다. 좁은 공간에서 혼자 지내다 보면 마음이 좋은 경우보다 좋지 못한 경우를 더 많이 생각하게 되기 때문이다.

다양한 장소에서 다양하게 활동하며 시간을 보내면서 집에 관한 생각을 잠시 내려놓거나 새로운 마음을 가지는 것이 필자에게는 큰 도움이 되었다. 채운다는 느낌보다 새롭게 도전하거나 새로운 경험을 통해 영적인 부분에서 텅 빈 느낌이 아니라 정말 무언가가 생기는 느낌을 받을 수 있었다.

혼자 있는 공간에서 지낼 때는 필요한 것을 적당하게 가지고 있어야 한다고 말하고 싶다. 이사할 때 짐이 너무 많아도 힘들고 어려우므로 혼자 지내는 상황에서는 소모성의 단기적인 것들을 가지고 있는 것이 좋으며, 장기적인 것들은 최소화하거나 주변의 다른 공간이나 오래 보관할 수 있는 넓은 곳에 두는 것이 좋다.

혼자 지내면서 마음이 허하여 과소비하거나 감정을 달래기 위해 채우는 물건은 항상 후회나 고민을 낳게 마련이다. 따라서 물건을 관리하고 소비를 밸런스있게 하기 위해 노력할 필요가 있다. 혼자 지내다 보면 눈앞의 생활이나 생존에 급급하여 여유 있게 대비한다는 것이 쉽지 않다. 그러나 미래를 위해서 무언가를 아끼고 모으는 생활을 해야 한다. 채워도 채워지지 않는 무언가는 새롭게 도전하고 새로운 것을 발견했을 때 채워진다고 말하고 싶다.

공간이 주는 한계
그리고
비 우 기

　　혼자서 집에서 생활하다 보면 필요하거나 부족한 것들이 많아 계속 채우고 모으는 습관을 갖게 되었다. 하지만 그런 습관은 좋은 습관이면서도 좋지 못한 습관이라는 것을 알게 되었다. 집은 좁은데 물건이나 생존하는데 필요한 것이 많다 보니 집이 점점 더 좁아지고 물건에 덮여서 지내는 느낌을 받게 되었다. 자신이 생존하기 위해 물건을 채우거나 모은 것인데 공간이 좁다 보니 오히려 사람이 물건에 지배당하는 느낌을 받게 되었다.

　　어른들은 비워야 채워지니 내려놓아야 한다고 말한다. 어릴 적에는 무슨 뚱딴지같은 이야기냐며 채울수록 좋다고 생각했다. 하지만 어떠한 상황에서는 비우거나 정리하는 것이 훨씬 좋다고 경험하면서 비우는 것의 좋은 점을 조금이나마 배우게 되었다. 혼자 지내다 보면 무언가를 계속 채우고 싶은 마음이 생기게 되는데, 이런 마음에서 벗어나 새로운 마음가짐을 가지면서 또 다른 감정이나 마음을 가지게 되었다.

　　정리와 관련한 직업의 가치가 점점 높아지는 이유를 이해하게 되었고, 사람도 그렇고 물건도 그렇고 여러 가지 디톡스나 다이어트가 필요한 이유를 알게 되면서 조금씩 노력해 보았다. 물론 처음에는 쉽지 않았지만, 이러한 노력은 생활하는 중에는 마음이나 상황을 좋게

하고 이사 갈 때는 이사를 훨씬 편하게 할 수 있는 요소를 만든다는 점에서 필요하다.

　모든 것에는 양면성이 있다. 사람은 한쪽에 꽂히면 치우치는 경우가 많은데, 사람의 성향이나 가치가 사람마다 다 다른 것도 한쪽에 꽂히기 때문이 아닐까 생각한다. 필자도 아직 물건을 줄이거나 정리하는 데 익숙하지 않지만, 조금씩은 하려고 노력하는 편이다. 물건이나 음식이 너무 적어도 문제이고 많아도 문제이므로, 적절한 양을 가지고 있기 위한 고민과 노력을 지금도 계속하고 있다.

　<멈추면 비로소 보이는 것들>이라는 혜민 스님의 책 제목처럼, 공간을 정리하면 비로소 보이는 것들이 있고, 여유로움이 생긴다는 것을 이야기하고 싶다. 넓은 공간보다 좁은 공간에서는 더더욱 정리나 비우는 것이 중요하다.

　넓은 공간에는 물건을 쟁여두거나 보관하기가 쉽지만, 좁은 공간에는 물건을 둘 곳도 없고 정리나 처리가 쉽지 않은 물건들도 간혹 있다. 공간은 넓을수록 사람에게 안정감을 주고 긍정적인 요인으로 작용한다는 것을 혼자 사는 집을 정리하면서 느끼는 경우가 참 많았다.

　특히 혼자 사는 가정에서는 청소가 중요하다는 것을 느낀다. 혼자 지내다 보면 나태해지거나 게을러지는 경우가 참 많은데, 조금씩 매일 하면 힘들지 않게 해결할 수 있는 부분도 미루거나 안 할수록 더욱 커지게 된다. 혼자 지내면 경험하게 되는데, 공간 정리와 청소를 얼마만큼 잘하느냐에 따라 공간의 가치나 효율성이 달라진다. 공간에 대해 조금이라도 긍정적인 마음을 가지게 되면 본인 인생이나 삶에도 긍정적인 영향을 미치게 된다.

열 평짜리 공간이 주는
현자 타임(현실을 자각하는 시간)
또는 현타

1인 가구는 원룸보다 나은 공간을 경제적 여유 없이 갖는다는 것이 쉽지 않다. 생활하다 보면 점점 나아진다는 생각은 환상이고 처한 상황과 놓인 환경은 쉽게 변하지 않는다. 생존에 필요한 비용이나 사회생활에 드는 비용은 월급 또는 수입이 늘어나는 만큼 더 높아지기 때문이다.

만약 사회가 발전하면서 공간에 드는 비용이나 조건이 지금처럼 초고속으로 가파르게 상승하지 않고 일정 비율로만 올랐거나 유지되었다면, 우리는 보다 나은 환경에서 생활을 영위하고 있을 것이다. 하지만 사회가 발전하는 정도에 비해 부동산의 가치가 높아지는 속도가 빨라서, 서민들이 따라가거나 감당하기에 버거운 상황까지 오게 되었다. 부동산과 관련한 사회적 이슈나 문제가 더욱 심각해지는 이유도 거기에 있다고 할 수 있다.

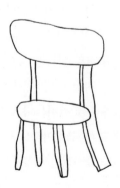

원룸에서 혼자 생활하게 되면 처음에는 설레고 기대하지만, 현실을 경험하다 보면 그런 설렘과 기대가 얼마만큼 문제가 있고 한계가 있는지 여실히 느낄 수 있게 된다. 예를 들어, 선진국의 수도에 사는 한인들이 지내는 공간의 크기가 엄청 작다고 한다. 불과 1~3평 공간의 집에서 울며 지내는 여성의 이야기나 안타까운 소식, 아픈 사연이 너무도 많다.

대한민국 역시 선진국에 들어간다고 하고 여러 가지로 변화하고 있지만, 겉만 선진국이 아니라 우리의 생존과 복지 그리고 기본적인 생활 여건을 갖춘 선진국인지를 돌아봐야 한다고 말하고 싶다. 특히 경제적 부와 공간에서 큰 격차가 우리에게 더욱 큰 아픔으로 다가온다. 필자 역시 4년 넘게 원룸에서 생활하면서 여러 가지 고충과 애로 사항이 한꺼번에 몰려올 때가 많았다.

열 평도 안 되는 공간에서 인생과 상황을 고민하는 필자 자신이 너무도 무기력하고 고독하였다. 앞으로의 인생을 고민하면서 미래의 비전은 있는 걸까 하는 생각이 머릿속을 복잡하게 하였다. 현실 자각에 따른 현타는 정말 좁은 공간에서 지내면서 더욱 크게 점점 쌓여가는 것 같았다. 1인 가구들이 겪는 여러 가지 마음의 고통도 공간이 좁거나 열악한 곳일수록 더욱 크게 느끼게 된다고 생각한다.

필자는 데뷔작인 〈병자〉에서 과거에 겪은 왕따 경험을 이야기하면서, 필자처럼 아프고 힘든 경험을 누군가가 다시는 겪지 않기를 바란다는 내용을 서술한 바 있다. 이번 책에서도 똑같이 대입해보면서 처음 글을 썼던 당시를 회상하게 되었다. 사람들이 더는 공간으로 인해 여러 가지 고통과 아픔을 겪지 않기를 바라는 마음에서 이번 책 〈열 평짜리 공간〉을 집필하게 되었다.

앞으로 우리가 생존하는 공간이 더 좁아지거나 공간으로 인한 한계나 제약이 더욱 심해지는 상황이 초래하기 전에, 우리 모두 각성하고 공간에 대한 시대정신과 기본 생존을 위해 다 같이 고민하고 목소리를 내며 노력해야 한다고 말하고 싶다.

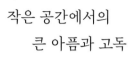

작은 공간에서의
큰 아픔과 고독

좁은 공간에서 현타 또는 현자 타임을 겪게 되면, 정말 고독하고 우울감이 하늘을 찌른다. 미래세대는 이러한 아픔과 고통에서 벗어날 수 있어야 하는데, 오히려 이런 상황이 더욱 가중되고 있어서 더욱 안타까움을 느끼고 있다.

혼자 집에서 지낼 때, 예기치 않게 찾아오는 여러 가지 감정은 정말 복잡 미묘하다. 필자의 경우에는 다양한 활동을 하고 집으로 돌아올 때 현실 자각이 더 심해지는 때가 많았다. 미래나 생존에 대한 불안감과 고통이 시간이 지날수록 줄어드는 것이 아니라 더욱 심해져만 갔다. 특히 코로나19 이후로 강연을 비롯해 어떠한 활동도 할 수 없는 상황에서 무력감과 자괴감이 가장 큰 고통과 고독으로 다가왔다.

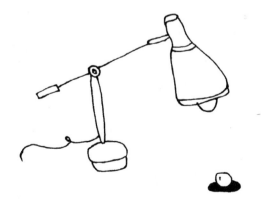

과거에는 사람들과 오프라인에서 소통하고 어떤 고민과 어려움을 해결하기 위해 사회적으로 활동하다 보면 해결의 실마리를 찾는 등 다양한 경우를 겪으면서 성장하고 발전해왔다. 하지만 코로나19 상황에서는 공간이 우리 모두에게 더욱 중요한 가치이자 미래라는 것을 인식하게 되었다.

이 책을 쓰게 된 동기도 공간이 주는 여러 가지 희로애락을 비롯해 1인 가구, 부동산, 주거 환경에 관한 생각이나 메시지를 전달하고자 한 것이다. 지금 우리 사회가 이러한 것들을 개선하거나 발전시키지 않으면 미래세대를 비롯해 지금 어렵게 생존하고 있는 노인 등 기성세대에게도 감당할 수 없는 아픔과 고통을 주게 될 것이다. 그런 일이 더 가중되지 않기를 바라는 마음이다.

공간이 좁을수록, 심리적으로 겪는 아픔과 고통은 배가 된다고 할 수 있다. 좁은 공간에서는 폐소공포증 같은 심리적인 트라우마의 사례가 많지만, 넓은 공간이나 좋은 환경에서는 심리적인 트라우마가 상대적으로 적거나 거의 없다고 할 수 있다. 대중교통을 이용하지 못하는 사람이 점점 늘어나는 이유도 공간에 대한 어떤 트라우마나 상처가 있기 때문이다. 공간이 좁거나 상대적으로 열악하여 좋지 못한 때에는 마음 건강이나 정신에 좋지 못한 영향을 미치는 경우가 매우 많다고 한다.

작은 공간에서 살면서 인터넷이나 미디어로 넓고 좋은 공간과 그곳에서 생활하는 콘텐츠를 보면, 처음에는 부럽다는 마음이지만 나중에는 자격지심과 현타 그리고 상대적 우울감이 심해져 혼자 지내는 공간에서의 심리적 밸런스가 깨지게 된다. 그로 인해 정신과 육체 건강을 비롯해 다양한 아픔이 나타나게 된다. 이러한 심리적 요인을 해결하고자 다양한 방법을 찾아 시도하거나 노력하지만, 일시적으로는 효과를 보거나 해결할지 모르겠으나 장기적으로는 결코 도움이 되지 않는 경우가 많다.

공간으로 인해 겪는 어려움이나 열악한 상황이 우리 시대에서 끝나지 않고 다음 시대에 이어지거나 지금보다 더 열악한 상황이 된다면, 감당하기도 쉽지 않거니와 정말 인생이 노답인 상태가 될 것이다. 시대는 발전하나 사람은 피폐해지거나 제약적인 미래 사회가 되는 것을 극복하기 위해, 이제 우리는 혼자 노력하는 것이 아니라 다 같이 한목소리와 메시지로 행동해야 한다. 작은 공간 해소와 공간의 대혁명은 생존을 위한 몸부림으로 선택이 아닌 필수이다.

작은 집 그리고   넓은 세상

작은 집에서 지내면 지낼수록 자신이 지내는 원룸이나 공간이 점점 작거나 좁게 느껴지면서 자신을 압박하고, 자신의 미래나 여러 가지 마음에 한계를 느끼게 된다. 필자는 이러한 상황에서 벗어나려고 밖으로 나가 사람들을 만나며 마음을 달래고는 했다. 필자가 살면서 경험해보니, 세상은 참 넓고 좋은 곳은 참으로 많았다. 하지만 필자가 처해있는 상황은 그리 녹록하지 않았다.

화려하거나 좋은 공간에서 사람들을 만나며 오래 머무르기도 하고 좋은 사람들과 행복을 느끼는 무언가를 경험하고 난 뒤, 집에 돌아오면 느껴지는 심리적 양면성 또는 현타가 필자에게 크게 작용했다.

예를 들면, 롯데 시그니엘 서울과 같은 좋은 공간에서 사람을 만나거나 지내다가 갑자기 원룸으로 돌아와 혼자 있게 된 상황이나 사람들을 만날 때는 외제차를 타고 다니는데 실제 집은 원룸인 경우가 비슷한 예가 될 것이다. 아무튼 좋은 장소 또는 넓은 세상을 경험한 후에 심리적 어려움을 느끼게 되는데, 필자의 경우에는 2021년에 미국을 다녀온 후 혼자 집에 있을 때 많은 고민과 생각을 하면서 자괴감이 들었다. 해외에서 사는 사람들이 모두 행복하지는 않지만, 필자가 지내는 공간과는 다른 세상, 행복이 느껴지는 곳에서 느낀 감정들이 계속 되살아나 마음이 허망했다.

필자가 지내는 공간을 TV나 미디어로 본다면 순간은 행복하겠지만 상대적으로 다양한 생각이나 감정이 생겨날 것이다. 작은 집에서 지내는 지금의 상황보다 앞으로 나아질 수 있을까? 세상은 이렇게 넓고 다양한데 필자가 지내거나 활동하는 공간은 상대적으로 작은 부분이라고 생각하고 고민하며 하루하루를 보내는 때도 정말 많았다.

앞부분 '작은 공간에서의 큰 아픔과 고독'에서는 작은 공간이나 집에서 지내면서 스스로 고립되어 고독하게 되는 우물 안의 개구리를 이야기했다면, 지금 부분인 '작은 집 넓은 세상'에서는 세상은 넓고 행복하고 좋은 공간이 많아서 영화 제목 〈인생은 아름다워〉 같은 느낌을 받지만, 그런 공간을 경험한 뒤 1인 가구가 지내는 공간에 있을 때면 다양한 감정과 미래에 대한 불안감을 느끼게 된다고 이야기하고 싶다. 필자의 경우, 스스로에 대한 자격지심을 느끼며 시간이 지날수록 고민이 더욱 늘어만 갔다.

우리가 생존하거나 지낼 수 있는 공간은 한정적이지만, 사람의 꿈과 영적인 마음은 너무나 무한해서, 공간과 마음의 차이에서 오는 괴리감과 고민은 주변의 누군가에게 심지어 가족에게도 이야기하기가 쉽지 않았다.

어려운 상황을 겪거나 고민할 때 주변의 좋은 사람들과 이야기를 하면 상황이 나아지거나 빠르게 해결되는 경우가 많았다. 그런데

1인 가구의 주거 문제를 두고 생각이나 고민을 함께 나눌 사람들을 만나는 게 정말 어려웠다. 사회적으로 활동하며 자리를 잡았거나 여유 있는 사람들에게 주거 문제를 이야기하면, 필자의 모습이나 상황이 정말 어리석거나 불쌍하게 비칠 수 있다는 점을 경계하지 않을 수 없었다. 그래서 넓은 세상이나 사람들과 비교해서 작은 집이나 초라한 자신을 볼 때 엄청 힘들었지만, 지금도 사회적으로 여유 있는 사람들에게 필자의 주거 문제를 이야기하지 않으려 한다.

쉬고 싶은데
쉴 수 없는 집

필자는 작가로서 좋은 장소에서 다양한 사람들과 만나며 꾸준히 활동해왔지만, 혼자 지내는 공간에 있을 때 집 밖 세상과 너무도 다른 상황에 비참함을 느끼며 다양한 고통을 겪었다.

집 밖 세상이나 인터넷에는 화려하고 좋은 행복하고 부러운 공간이 많았는데, 필자가 지내는 공간은 집 밖 세상의 공간과 너무도 다른 느낌이고 상황이어서 필자를 힘들게 했다. 주변에 이야기하면 좋은 점도 있고 좋지 못한 점도 있는데, 내 느낌과 상황은 누군가에게 이야기하면 더 마이너스라는 생각이 들어서 이야기할 수 없었다.

필자가 스스로 문제나 단점을 이야기하는 이유는 독자들에게 좀 더 솔직하게 다가가고 싶기 때문이다. 필자만 이러한 경험을 하는 게 아니라 수없이 많은 사람이 똑같은 경험을 하고 있다. 공간으로 인해 우리가 인생에 대한 어려움을 너무도 크고 절실하게 느끼게되는 경험이라고 할 수 있다.

이렇듯 집 안과 밖에서 느끼는 마음의 격차가 사회 전반에서 앞으로 더욱 커질 것으로 생각한다. 시대가 발전하는 만큼 미래에 대비하여 공간이나 집 역시 리모델링이나 업그레이드가 필요하다는 생각이 들었다.

개인이 아닌 국가 그리고 지자체를 비롯한 다양한 기관에서 함께 개인의 집 공간부터 리모델링 하거나 업그레이드하면서 수많은 가구의 집을 변화시킨다면 훨씬 더 질 높고 행복한 삶을 살 수 있을 것이라 말할 수 있다.

집을 리모델링 하거나 업그레이드하려면 지원이나 서포트가 필요하다고 말하고 싶다. 집을 관리하는 사람이나 주인이 단독으로 업그레이드하는 것보다 지원받아서 하게 되면 훨씬 더 좋은 환경과 서비스를 제공할 수 있고, 공간에서 지내는 사람도 혜택을 받을 수 있기 때문이다.

집에서 편하게 쉬고 몸을 풀어야 하는데, 쉰다는 느낌보다 오히려 정신이 긴장되고 몸이 굳는 등 경직된 몸과 정신을 경험하는 것이 정말 마음 아프고 안타깝다. 집에 오면 맘 편히 쉰다는 느낌이 더욱 생길 수 있도록 하려면, 공간의 사이즈뿐만 아니라 공간에 대한 질적인 요소도 크게 작용하기 때문에 쉴 수 있는 공간이 미래 자원이 될 수 있다.

사회의 발전에 따라 환경과 주변은 발전하지만, 자신의 집은 뒤떨어지거나 동떨어졌다는 느낌을 받으면 안 된다는 것을 말하고 싶다.

집 내부의 디자인이나 시설이 갖춰지거나 조건이 좋아지고 부동산 또는 공간의 가격이 납득할 수 있게 변화해야 하는데, 공간이나 상황은 그대로인데 땅값 또는 공간의 가격이 높아지고 질과 서비스는 공간의 가격에 못 미치는 아이러니한 상황들도 많아지고 있다.

공간의 질적인 향상을 위해서도 관심이 필요하다. 공간의 사이즈도 중요하지만, 공간의 질적인 향상이 이루어진다면 그런 공간에 대해서는 더욱 긍정적으로 된다. 그런 공간은 우리가 행복한 미래로 다가갈 수 있는 쉼터가 된다.

마음의 공간과
현실의 공간이 주는

희망 고문과 고뇌

마음의 공간 즉, 꿈과 열정은 무한한데 생존하거나 사는 현실의 공간은 유한하며 한계가 있는 상황이 필자에게 주는 고통은 점점 커져만 갔다. 이런 고통은 우리 대부분이 여유롭게 살거나 특별한 공간에 살지 않는 한 겪게 된다고 생각한다.

과거에 가족과 함께 지내거나 넓은 공간에서 생활했을 때는 겪어보지 못했으나, 성인이 되고 사회생활을 하면 할수록 마음의 격차나 아픔이 더욱더 커져만 갔다. 인생을 살아갈수록 줄어들기를 바라는 것이었는데, 현실에서는 더욱 늘어만 갔다. 미래와 인생에 대한 불안감은 공간으로 인한 불안감과 고통에서 시작되었다고 말할 수 있다.

집을 구하려 알아보고 다양하게 노력해도 조건에 맞는 집은 점점 줄어가는 현실, 집에 대한 어려움을 해소하고자 하는 금융 대출이 더욱 어려워지는 상황에 우리 모두 생활이나 여건이 힘들어지면서 위축되고 있다. 그래서 집 구하는 게 겨울 한파처럼 정말 냉혹하게 위축되고 있다.

사람이 나이가 들거나 성장하면 마음의 공간은 점점 무한히 커지게 되는데, 현실의 공간이나 처한 상황과 여건으로 인해 현실과 마음의 공간 사이에 큰 차이가 생겨난다. 그 차이로 인해 우리가 인생을 살거나 사회적으로 발전하는 데 제약을 당해 스트레스를 받게 되고, 현실과 마음의 공간 사이의 차이가 클수록 고뇌는 더더욱 깊어지게 된다.

현실과 마음의 공간 사이의 차이는 미래세대 청년, 청소년에게 더욱 큰 어려움과 고통으로 다가올 수 있다. 시대는 발전하지만 피라미드 구조 속에서 사는 현재도 이렇게 어렵고 힘든데, MZ 세대와 그 이후의 다양한 세대들이 정말 힘들고 더욱 어렵게 생존하고 미래를 살기 위한 몸부림이 심할 것으로 예상되기에 안타깝기도 하고 미안하기도 하다.

지금의 사회 여건과 구조에서는 주거와 관련한 기본권이나 생존에 대한 부분이 우리에게서 점점 멀어져만 가는 현실이 개탄스럽다. 행복하기 위해 사는 인생인데, 어쩌다 사람을 위해 존재하는 재화나 서비스가 오히려 사람을 초월하거나 희롱할 정도로 세상이 되었는지, 이런 것을 해결하거나 개선하는 방법은 어떤 것이 있는지를 생각해 보면 정말 막막해진다.

역사를 통해 수없이 많은 사람이 거쳐 간 세상에서, 부동산을 비롯해 공간 그리고 주거는 발전했지만, 아직도 공간이나 주거로 인해 고통을 당하거나 고뇌하는 경우가 많아지고 있다. 선진국이나 발전된 국가의 수도일수록 더 높은 가격에 더 좁은 환경에서 생활하며 아등바등 버텨야 하는 세계적인 현실이 우리에게 다가오는 미래라고 할 수 있다.

공간의 모든 것을 해결할 수는 없더라도, 우리 피부에 와닿거나

'와 정말 많이 바뀌었구나', '과거보다 그래도 살만하네' 또는 '지금이나 앞으로 그래도 살만하겠다'라는 이야기를 들을 수 있는 방법을 찾고 싶다는 생각을 불현듯 하게 되었다. 필자도 원룸에서 혼자 살면서, 세상은 넓은데 공간과 현실은 좁은 상황을 겪으면서, 미래와 인생을 변혁하기 위해서는 우리가 조금 더 나은 공간과 상황에서 살 수 있는 세상이 되어야 한다고 생각했다.

청년,
미래세대의 독거 청년,

열 평짜리 공간이 주는
메시지와 성찰

필자도 1인 가구로서 원룸에 살지만, 대한민국 구성원 중에서 1인 가구로서 열 평짜리 또는 열 평 이하 공간에 사는 사람들이 많을 것이다. 우리가 한목소리로 이러한 사람들의 빅데이터나 경험, 그리고 메시지를 전달할 수 있는 어떤 매개체나 콘텐츠가 된다면, 대한민국뿐만 아니라 전 세계가 1인 가구의 주거와 상황을 변혁하는 데 관심을 가지고 노력할 것이다.

이번 책 〈열 평짜리 공간〉에서 말하는 공간은 단순히 1인 가구, 원룸만을 의미하지 않는다. 우리 미래세대를 비롯해 사회 구성원들을 경제력, 배경, 영향력 등 모든 부분에서 제약하는 많은 것을 '열 평도 안 되는 부분'으로 비유하여 강조하는 게 포인트라고 말하고 싶다.

청년 기본법이 제정되고 통과되었음에도 청년의 삶이나 활동에서 나아진 부분보다 불평과 불만이 더욱 많아지는 현실이 참으로 안타깝다. 필자 역시 청년으로서 마음이 아프다고 할 수 있다. 청년들이 살아가는 과정에서 어려움을 겪거나 큰 문제로 자리 잡은 공간이나 경제력 문제의 해소가 가장 큰 관심인데, 문제를 개선하거나 해결하기 위한 노력은 현재까지 없다고 할 수 있다.

미래세대들이 우리보다 더욱 작은 공간에 살며 사회활동에서도 영향력이 별로 없게 될 수 있다는 점도 심각한 문제라 할 수 있다. 코로나19 상황에서도 인간관계를 비롯해 경제적 제약이나 악순환을 겪는데, 더 다양한 어려움과 위협이 많은 시대에는 상황이 나아지기보다 더욱 악화하는 경우가 상대적으로 많다. 폐쇄적이고 고립된 부분을 더 많이 겪는 MZ 세대는 기존 세대와 전혀 다른 가치관과 삶을 지향하기 때문에 인간에 대한 무기력과 매너리즘에 빠지게 되는 상황도 발생할 수 있다.

열 평짜리 공간은 만화 〈원피스〉에서 루피가 로빈이라는 캐릭터에게 본심과 살고 싶은 부분을 말하라고 할 때 외치는 목소리처럼, 우리의 생존에 대한 진심과 메시지를 담은 키워드라고도 할 수 있다.

미래에 공간과 영향력에 대한 가치가 제한적이고 문제가 되는 부분이 과거와 현재보다 더욱 심각할 수 있다. 지금부터 목소리를 내지 않고, 시대가 급변하고 이슈나 프레임 전환도 빠른 디지털 사회에서 우리가 안일하게 살다가는 기존보다 더 큰 위험과 어려움에 직면할 것이다. 우리는 그런 위험과 어려움을 최소화하거나 겪지 않기 위해서라도 열 평짜리 공간에 담긴 가치나 의미를 다양하게 해석하고 접근해야 한다고 말하고 싶다.

열 평짜리 공간 즉, 좁은 공간과 사회적으로 한정된 경제력과 영향력에 대해 각자가 생각하는 관점과 시각에 따라 다양하게 의미를 부여할 수 있다. 우리는 다양한 관점과 시각에서 아이디어를 모으고 통일된 목소리로 열 평짜리 공간에 대한 진심과 메시지를 전달할 수 있도록 도전하고 노력해야 한다.

◆

청년과 미래세대뿐만 아니라
독거노인 즉,

　저출산 고령화와
　공간의 상관관계

　　　지금까지 필자의 이야기나 상황을 전하는 경우가 많아서 청년
또는 미래세대에 국한한 이야기 같지만 그렇지 않다. 1인 가구로 사
는 노인 즉, 독거노인이 점점 늘어나고 있고, 가족 공동체에서 여유롭
게 사는 사람들보다 1인 가구로 사는 사람들 역시 점점 늘어나고 있
다. 이런 사실은 공간이 청년과 청소년 즉, 미래세대뿐만 아니라 다양
한 연령층, 노년층에게도 영향을 미친다는 것을 이야기한다.

　　　다양한 세대가 공간에 대해 불안해하고 고민이 깊어질수록 저
출산, 고령화 문제를 비롯해 비혼 문제가 더욱 심각해지고 있다. 특히
남자들은 비혼의 이유로 공간에 대한 부담이나 경제적 고민을 가장
큰 요인으로 꼽는다. 지금 시대가 과거와 다르기 때문이 아니다. 시대
는 발전했는데, 사람이 살면서 기본적으로 경험하거나 행하게 되는
결혼을 비롯한 인간으로서의 활동은 오히려 점점 제약받거나 하지 못
하는 것이 현실이다.

　　　저출산, 고령화와 비혼의 문제는 곧, 국가 경쟁력과 미래에 악영
향을 줄 수밖에 없다. 그런 문제들로 인해 경제적 생산이나 가치도 많
이 줄어들겠지만, 사람이 점점 사라진다는 것은 그만큼 대한민국의

환경이 사람으로서 살아갈 수 있는 환경과 기본적으로 많이 동떨어지거나 멀어진 것이라고 할 수 있다.

다른 나라를 보면 선진국은 아니지만, 시대가 발전하면서 인구가 증가하거나 행복 지수가 높아지는 나라들이 많다. 하지만 대한민국은 좋은 부분이 순위에 있기도 하지만, 1위를 찍는 분야는 주로 사람에게 좋지 못한 용어나 부정적인 요소의 내용인 경우가 많다.

지금도 심각한데, 앞으로도 부동산 시장 문제만큼 인구나 사회적인 문제들 역시 기하급수적으로 엄청나게 가파르게 발생할 수 있다는 점에서 우려된다. 그 시작점은 미래세대를 비롯해 독거노인이 열 평짜리 공간 또는 열 평도 안 되는 작은 공간에 무수히 많이 사는 현실이다. 그런 현실을 시작점으로 우리 사회의 연쇄적인 큰 문제가 발생한다고 생각한다.

미국이나 선진국 중에서도 수도권 같은 특수 지역 중에는, 사람이 지내기도 좁은 공간인데도 엄청난 경제적 가치나 부를 가져야 살수 있는 곳들이 상당히 많다. 집이 없는 하우스푸어도 많고 캠핑카에서 지내면서 어떻게든 생존하려는 사람도 많지만, 나라별로 생각하는 공간에 대한 가치관이나 문화는 조금씩 다른 것 같다.

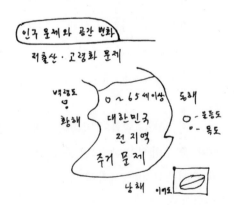

다른 나라에 비해 대한민국이 가장 심각하다. 우리가 대처하거나 해결할 수 있는 속도보다 빠르게 마치 인터넷 5G처럼 급속도로 공간과 인구와 관련한 문제들이 발생하고 있는 것이 문제이다. 앞으로 대한민국의 구성원들이 공간을 변혁하거나 공간 문제를 해결하여 상황을 변화시키지 않으면, 해외에서 말하듯이 대한민국은 가장 먼저 인구가 없어지는 나라가 될지도 모른다.

세대 차이 또는 세대 갈등이 있을 때도 있겠지만, 공간에 대한 문제는 우리가 평생 고민하고 해결해야 할 숙제이자 숙명이라고 말하고 싶다.

◆

공간의 가치와 미래,
모든 세대를 아우르는

만국 공통의
욕망이자 숙제

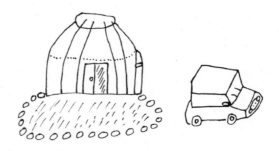

　　사람들과 만나거나 활동하면서 가장 많이 듣는 이야기는 돈, 부
동산 다음이 일이나 감정 또는 고민이다. 민주주의와 자본주의에 입
각하는 세상이기 때문에 충분히 현실적이라고 생각한다. 하지만 우
리의 경제력이나 공간은 무한하지 않고 한정적이거나 부족한 경우가
상대적으로 많다.

　　공간에 대한 관심이 높다. 기성세대부터 미래세대까지 '영끌'할
정도로 공간의 경제적 가치를 높이고 싶어 노력하는 경우가 급증하고
있다. 공간에 대한 갈망 그리고 공간으로 인한 고통이 그만큼 크다는
것을 방증하는 사례이지 않을까 싶다.

필자도 공간에 대해 생각하면서 더 나은 공간으로 가려고 고민할수록 더욱 미궁에 빠지거나 머리가 지끈거리는 상황을 겪어봤다. 공간을 소유한 경우보다 공간을 소유하지 못해 떠돌거나 유랑하면서 생존하는 대한민국 인구가 정말 많으리라 생각한다.

공간 베짱이나 공간 유목민(전·월세)들이 갈수록 급증할 것이다. 미국에 다녀왔을 당시 하우스 푸어(집 없는 사람)를 이야기하는 미국인들의 모습에서 안타까움을 느끼면서, 동시에 대한민국이 정말 공간으로 고통받는 상위권 나라에 진입할 수 있겠다고 심각하게 생각하며 걱정이 앞서게 되었다.

전세 또는 월세 2년이든 4년이든 계속 떠돌면서 생활하는 것이 좋을 수도 있지만, 반대로 안정적인 공간이 없다 보니 생활환경이나 물건에 대한 제약이 앞으로도 더욱 크게 될 수 있다. 그렇게 되면 공간의 가치와 미래에 다가가고 싶어 하는 사람들은 자신들의 희망에서 점점 멀어져 가는 안타까운 경우가 발생하게 된다.

우리는 모두 공간에 대해 행복보다 불안감과 고민이 큰 것이 현실일 것이다. 우리에게 가장 큰 숙제는 공간을 생각할 때 어려움이나 아픔이 아니라 행복과 설렘이 될 수 있도록 만드는 방법을 찾기 위해 노력해야 한다는 것이다. 숙제가 정말 쉽지 않고 해법이 있는 것이 아니지만, 우리가 숙제에 대한 해답을 찾기 위해 노력할수록 우리는 해답에 더욱 근접할 수 있을 것으로 생각한다.

공간의 가치와 미래에 대한 기준과 의미를 새로 재정립할 필요가 있다고 생각한다. 단순히 부동산 또는 공간이 주는 경제적인 가치에만 포커스를 맞추지 말고, 우리의 생존을 위한 생태계를 비롯해 사회 구성원, 공동체에 대한 고민과 생각도 필요하다는 것이다.

그렇다고 사회주의 또는 전체주의를 이야기하는 것이 아니다. 사람을 우선으로 현재 그리고 앞으로 살아가는 사람들이 감당할 수 있거나 활동할 수 있도록 경제와 부동산에 근접해야, 사람은 더욱 행복하게 될 수 있다고 말하고 싶다. 지금도 그렇고 앞으로도 이러한 부분을 고려하지 않고 경제적 이익으로만 접근하면, 공간과 부동산 시장은 정말 차갑고 냉정하게 될 것이다. 그렇게 하여 사람들이 아예 거래하거나 범접할 수 없는 상황이 초래되면 결국 생태계는 무너지게 된다. 회생 불가 전에 우리가 살기 위해서라도 공간의 생태계를 만드는 것이 곧 미래를 지키는 방법이다.

공간에 대한 자유의 무게는 날이 갈수록 늘어만 간다.

내 지갑은 날이 갈수록 가벼운데

점점 늘어가는 책임의 무게,

이제 좀 가볍고 편히 쉴 수 있는 세상 또는 공간이 오길…

보이지 않는 미래,
서러움과 고통의 열 평짜리 공간

우리가 가장 힘든 건 불투명해서 더욱 불안한 미래.
해결하고 싶지만 지속적으로 따라오는 수많은 문제들.

공간에 대한 불안은
　　미래 인생에 대한
전반적인 불안

　　'1부 독거 청년과 독거노인, 열 평짜리 공간'에서는 공간의 중요
성과 공간으로 인한 불안은 단지 청년, 청소년을 포함한 미래세대만
이 아니라 독거노인을 포함한 기성세대의 사람들도 느끼는 것이라고
말했다. 자기 집을 소유한 사람들을 제외하고, 걱정 중에 가장 큰 걱
정이 월세나 집과 관련된 경제적 상황, 주거와 관련된 미래에 대한 고
민일 것이다.

　　과거 역사에서도 그렇지만 지금도 사람에게 가장 중요한 요소
가 의식주 중에서 '주' 즉, 주거일 것이다. 인생을 살아가면서 가장 많
은 경제적 에너지를 소비하고 가장 많이 고민하고 해결해야 하는 것
이 주거인데, 그래서 인생과 주거는 조금 다른 관점으로 접근해 본다
면 유사성이 참으로 많다.

첫 번째 유사성은 인생처럼 주거 역시 정답이 없다는 점이다. 인생과 마찬가지로 주거와 관련한 변수가 무수히 많다. 자신이 처한 상황과 여러 가지 여건으로 인해 제약되는 부분이 있고, 더불어 살아가면서 다양하게 경험하고 생각이 달라지는 부분이 있어서 유사하다는 생각이 들었다. 그러므로 우리가 인생에 대해 매일 불안해하듯이 주거나 공간에 대해서도 불안감이 존재하는 것이다.

두 번째 유사성은 내 뜻대로 되기보다 상황과 여건에 따라 맞춰지게 된다는 점이다. 가족이나 주거 그리고 주변 환경은 타고나는 순간부터 전부 다르다. 우연히 뉴스를 보다가 1살 된 아이가 10억 아파트를 가지게 된 경우를 본 기억이 있다. 사람의 인생과 마찬가지로 주거 또한 타고난 순간부터 정해져서 월세부터 시작할지 아니면 여유가 있어서 전세 또는 집을 소유하게 될지 결정된다. 시대가 발전하면 할수록 대물림 없이 공간을 소유하거나 개천에 용이 나는 경우는 더욱 희박해지고 이제는 거의 사라져가고 있다.

세 번째 유사성은 여유 있거나 넘치면 문제가 없지만 부족하거나 여유가 없다면 큰 문제가 된다는 점이다. 과거에서 지금 그리고 앞으로 미래까지도 경제적 여유에 따라 공간의 여유는 비례하지만, 경제적 여유가 없을수록 주거 공간의 부족을 넘어서 거주할 수 있는 공간이 없는 하우스 푸어가 넘쳐나게 되는 상황이 가장 큰 문제가 될 것이다.

마지막 유사성은 공간과 인생에서 숙제는 한 번에 해결되지 않고 살아있는 동안 또는 자녀 심지어 미래세대에도 계속 고민이고 해결하려 노력해야 하는 숙제라는 점이다. 대한민국뿐만 아니라 전 세계적으로 토지나 집 그리고 부동산, 즉 공간과 관련한 숙제는 아직도 해법이나 명쾌한 정답 없이 다양하게 시도하고 도전하는 것인데, 공간과 관련한 여러 가지 고충과 애로사항은 지금도 계속되고 있고 앞으로도 계속될 것이다. 따라서 우리는 다양한 목소리를 내고 관심을 가지고 참여하면서 공간으로 인한 불안과 인생의 불안을 줄이면서 행복을 찾기 위한 노력을 계속해야 한다.

특히 부동산과 관련한 문제에 대해서는 전문가에게만 의존하지 말고, 현재 그리고 미래에 살아가야 할 사람들이 생존을 위한 아이디어를 만들고 그것을 해결책에 반영하기 위해 다양한 시도와 도전을 해야 할 필요가 있다는 이야기를 꼭 하고 싶다.

우리는 인생에서 공간에 대해 생각하기도 하지만, 과거부터 지금까지 만들어지거나 정해진 대로 살아가는 것에 익숙해 있다. '2부 보이지 않는 미래, 서러움과 고통의 열 평짜리 공간'에서는 공간의 단순한 의미가 아니라 공간이 심리적인 부분부터 인생에 가장 크게 영향을 주는 요소이자 가치라는 점을 서술할 것이다. 공간에 대한 다양한 생각과 고민을 공유하면서 독자들도 새로운 관심을 가지기를 바란다.

◆

미래세대 공간에 대한

보이지 않는
미래와 대안

앞에서 이야기한 대로 미래세대가 공간에 대해서 하게 되는 가장 큰 고민은 공간의 보이지 않는 미래에 있을 것이다. 사람이 살아가면서 가장 불안해하고 고민하는 것이 자신의 미래인데, 그 고민에 가장 큰 영향을 주는 요소가 바로 공간이라 할 수 있다. 자신이 지내는 공간이 안정되어 있느냐 아니면 상황에 따라 이사해야 하는 등 불안감이 엄습해오느냐에 따라 인생을 살아가는 데 있어서 큰 스트레스를 주는 요소가 된다.

특히 미래세대가 이러한 고민에 빠져서 헤어나지 못하는 이유는 시대가 발전할수록 주거에 드는 비용과 에너지가 사람의 노력으로 감당할 수 있는 범위를 훨씬 초월하였기 때문이다. 사람이 일생 동안 노력하고 도전해도 불가능한 금액이 된 게 지금의 상황이다. 미래세대에 이러한 상황을 적용하면 상상할 수 없는 최악의 보이지 않는 미래가 될 것이다. 부동산이나 주거와 관련한 예측 역시 걱정하게 하고 있어 사회적으로 고민해야 하는 상황이다.

서울시의 2020년 조사에 따르면, 최근 1년간 '은둔 청년' 비율이 서울시 기준으로 65.5%라고 하는데, 이것은 정말 심각한 수치이자 국가에 대해 경고이자 메시지일 것이다. 대한민국의 수도에서

이 정도의 비율과 수치라면, 다른 지역에서도 앞으로 '은둔 청년'과 같은 미래세대 또는 답이 없어 힘들어하는 미래세대는 더욱 늘어날 것이다. 미래세대가 생존해서 경제적 생산을 하지 못하면 나라는 망하는 길로 접어들게 된다. 젊은 세대들이 현실과 다른 게임에 특히 관심이 많은데, 젊은 세대들이 관심을 가지는 게임의 요소를 연결해서 소개해 보면, 세상이 게임과 같아야 하는 경우도 필요하다고 느끼게 된다. 지금의 부동산, 주거와 관련해서 게임과 같은 요소가 생기면 좋겠다는 생각도 해본다.

첫 번째, 부동산 관련으로 미래세대 또는 청년들이 어려워하는 진입장벽(게임으로 치면 레벨)을 낮추거나 밸런스를 맞추기 위해서 제도나 시스템을 보완하고 수정할 필요가 있다(게임으로 치면 패치). 사람의 인생에서 가장 중요한 요소가 바로 밸런스라고 할 수 있는데, 균형이 깨지면 불규칙하거나 불균형으로 인해 여러 가지 문제가 발생한다. 특히 부동산과 공간과 관련한 밸런스에 불균형이 심해지면 생존할 수 있는 범위를 초월하게 되기 때문에, 최저시급처럼 주거를 위한 최소한의 주거비용에 대해 논의해서 수정할 필요가 있다.

두 번째, 전문가들이 책상에서 하는 이야기에만 의존하지 않고 청년 또는 미래세대의 실제 주거 생활을 체험해 보거나 현재의 시장 상황을 경험해 볼 필요가 있다. 특히 미래세대들의 목소리나 이야기에 관심을 가져야 하고, 미래세대가 주체가 되어 시도하고 혁신해야 한다. 과거에 청년기본법이 통과된 후 청년과 관련하여 가장 시급하게 해결해야 하는 주거 관련 정책을 기대했으나, 청년을 활용하는 이슈에만 몰두한 나머지 주거 문제는 방치되어 변화가 더디게 되었다. 참으로 안타까움을 금할 수 없는 부분인데, 지금이라도 청년 또는 미래세대와 관련한 주거 정책이나 제도가 절실하다. 청년 정책에서 가장 비용이 많이 들고 고민이 큰 요소부터 해결한다면 다른 부분들은 조금 더 쉽게 해결할 수 있을 것이다. 특히 공간에 대한 어려움에 너무도 마음이 아프다.

세 번째, 이사 횟수 또는 주거 변화에 따른 승급 또는 레벨을 둬서 이사를 많이 하거나 1인 가구 주거가 많을수록 집 또는 공간에 대한 혜택이나 이익이 필요하다고 말하고 싶다. 게임 레벨처럼 이사나 1인 가구 경험이 많을수록 같은 레벨이나 같은 규모의 공간이 아니라 더 넓은 공간에 서비스나 기능이 더 좋은 곳으로 가고 싶은 것이 사람의 심리이다. 그런데 오히려 도태되거나 퇴보하는 수준의 공간이나 집으로 이사 가게 되는 안타까운 경우가 생각보다 많다. 정말 공간이나 집으로 인해 보이지 않는 미래를 경험하거나 힘들어하는 사람이 더는 발생하지 않도록 우리 모두 노력해야 한다.

이번 책 〈열 평짜리 공간〉에서는 미래세대가 공간에 대해 느끼는 희로애락을 비롯해 어려움과 문제에 접근하는 새로운 관점, 그리고 해결 방법과 메시지를 공유하여 함께해보자는 의도에서 집필하려 노력하였다. 독자 여러분을 비롯해 수많은 사람이 이 책을 통해 보이지 않는 미래를 바꾸는 기적을 함께해 주시면 좋겠다.

기성세대와
금수저들의

공간 비례 법칙

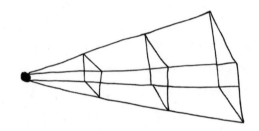

　　필자는 SNS작가로 활동하면서 다양한 사람들과 다양한 공간에서 인터뷰하거나 미팅하면서 기성세대와 금수저들도 만나게 되었다. 기성세대와 금수저는 대부분 공간을 중요하게 여기며 집을 비롯해 사무실 그리고 여유 공간을 소유하고 활용하였다. 이런 이야기를 하는 이유는 사회가 성장할수록 공간이 비례한다는 부분을 이야기하고 싶기 때문이다.

　　시대는 발전하지만, 미래세대 즉, 청소년, 청년들이 가진 공간이나 돈의 가치는 아주 많이 줄어들고 있는 것이 가장 심각한 문제이다. 공간 비례 법칙으로 인해 생기는 문제라고 말하고 싶다. 공간의 밸런스가 깨지면서 경제력에서 불균형이 발생하는 속도가 더욱 빨라진 것을 우리는 매일 살아가면서 체감하고 있다.

수많은 사람에게 끼치는 영향력은 공간에 비례하여 커진다. 앞으로 공간의 반비례와 절대 필요성에 관해 이야기하겠지만, 한정된 공간의 가치나 가격은 이미 미래세대들이 감당하거나 이용하기 힘든 어려운 상황이 되었다.

그 예로 몇 년 동안 돈을 모으면 집 소유까지는 생각하지 못해도 더 나아진 공간에서 생활할 수 있다고 생각했는데, 오히려 자신이 목표한 공간은 수년 사이에 더욱 높은 가격과 가치로 신기루처럼 닿을 듯 말 듯 멀어져서 크나큰 좌절과 고뇌를 주는 것이 문제라고 할 수 있다.

공간 비례 법칙만 이야기해도, 현재의 사회에서 부동산을 비롯한 공간 주거 환경 시스템이 얼마나 많은 문제가 있고, 따라서 변혁해야 하는지를 알 수 있다.

2021년에 부동산과 관련하여 여러 가지 문제 상황이 발생하는 것은 이미 곪거나 한계에 다다른 것의 일부분이 터진 것이다. 그것만 해도 우리는 사회적 불균형, 불평등, 불합리를 느끼는데, 이제 더 심각한 문제 상황이 발생한 후에나 비로소 개혁을 이야기하고 목소리를 내봐도 '사후약방문'처럼 늦은 상황이 될 것이다. 그러므로 지금부터 공간을 개혁하자는 목소리를 낼 필요가 있다.

어떤 일이나 상황에서 타이밍이 정말 중요한 요소이다. 지금처럼 문제 상황이 발생하기 시작한 때에, 우리는 단순히 "나는 아닐 거야" 또는 "내가 목소리 낸다고 이게 바뀌겠어"가 아니라 이번 책

〈열 평짜리 공간〉의 내용을 조금이라도 사람들과 이야기해야 한다. 좋은 이야기를 하면 할수록 국가가 발전하는 것처럼, 부동산, 공간, 주거 환경도 변혁할 수 있는 확률이 더욱 높아질 것이다. 필자는 공간 비례 법칙이 아니라 다양한 사람이 공간을 점유하고, 공간의 가치를 활성화해서 공간에 따른 격차가 변화한다면 부에 따른 격차도 상당히 줄어든다고 생각하고, 꼭 그렇게 되기를 소망한다.

미래세대와
흙수저들의

공간 반비례 법칙

기성세대와 금수저들의 공간 비례 법칙이 있다면, 반대로 미래세대와 흙수저들의 공간 반비례 법칙이 있다고 말할 수 있다. 혹여 이런 법칙까지 이야기하거나 만든다고 말할 수도 있겠으나, 우리에게 와닿고 맞는 부분이 적지 않다. 앞으로 더욱 들어맞을 상황과 내용이므로, 우리가 이러한 내용을 읽어서 생각해 보고 고민하고 이야기할수록 이러한 법칙에 변화가 일어날 수 있기에 서술한 것이다.

시대는 발전하지만 미래세대 즉, 청소년, 청년들이 가지는 공간이나 돈의 가치와 영향력은 매우 줄어들고 있다는 것은 공간 비례 법칙에서 파생한 공간 반비례 법칙이 양면성을 가지면서 생기는 문제라고 말하고 싶다. 공간 반비례 법칙은 공간 비례 법칙과 함께 시대가 발전하는 상황에서 우리에게 더욱 좌절감과 박탈감을 준다.

공간으로 인한 상대적 박탈감, 그리고 공간의 반비례가 수많은 사람에게 상당한 영향을 끼치기 때문이다. 공간이 반비례하면서 사람들에 대한 부정적인 생각이나 이야기가 생겨나는 부분이 문제를 더욱 야기하고 있다. 인생을 살면서 자신도 힘들지만, 다음 세대에 대한 불안감과 안타까움으로 인해 결혼하지 않거나 자녀에게 또 다른 아픔과 고통을 전가하지 않으려 한다. 이렇듯 힘든 상황과 어려움으로 인해 사회의 미래자산과 가치가 사라지고 있다. 엄청난 대 위기는 바로 공간에서 시작된다는 것이 핵심 포인트다.

그 예로 공간 반비례 법칙으로 인해 공간에 대한 상대적 박탈감과 아픔을 겪는 사람들이 점차 더욱 늘어나는 상황이다. 그것은 공간 비례 법칙과 반비례 법칙이 사회의 수많은 상황에서 적용되고 있다는 것을 보여주는 증명이다. 사막에서 오아시스를 찾듯이 노력하고 있지만, 공간의 오아시스는 점점 사라지고 있다는 것이 심각한 문제이다.

공간의 비례와 반비례의 의미를 이야기하는 이유는 사회가 이렇다고 체념하거나 포기하지 말고, 새로운 생각과 가치를 가져보면 좋겠다고 생각한다. 이러한 생각에서 2022년 이후 그리고 앞으로 변화하는 미래에는 미래세대를 위해 주거를 변혁하는 정치인, 경제인을 비롯해 수많은 사람이 생겨나기를 바란다.

앞으로 부동산, 공간 그리고 주거 환경과 관련하여 미래세대들이 관심을 가지고 변혁하는 부분에 이번 책 〈열 평짜리 공간〉이 역할을 하여 더 큰 가치를 만들고 발전을 이루어냈으면 좋겠다고 생각한다. 필자도 앞으로 살아가는 인생에서 공간에 대한 고민과 어려움을 더는 겪고 싶지 않다.

우리의 미래에는 공간에 대한 변화와 개혁이 이루어져 우리가 더는 공간으로 인한 아픔과 고통을 겪지 않고 불안감을 해소하여 행복한 인생과 삶에 온전하게 집중할 수 있는 사회가 되기를 소망한다.

공간에 대한
가치와 소중함 그리고

미래자산

　지금까지의 내용을 읽은 독자라면 공간의 가치에 대한 인식 또
는 관심이 더욱 높아졌을 것으로 생각한다. 공간의 가치는 우리의 인
생과 미래에 엄청난 의미가 있다. 시대와 문명은 발전하고 있으나 자
신이 생활하면서 자유롭게 꿈꾸며 도전할 수 있는 공간은 점점 줄어
들고 있으므로, 우리가 공간에 대해 새로운 관심을 가지고 변혁을 통
해 쟁취하려는 노력과 도전이 절대적으로 필요하다고 말할 수 있다.

　솔직히 필자가 앞으로 살아가면서 지내거나 작업할 공간에 대
한 걱정과 두려움이 크지만, 우리의 미래세대들이 겪을 공간에 대한
제약이나 어려움은 훨씬 더 크고 힘들 것이다. 따라서 지금 현시대에
사는 구성원들이 이러한 부분을 조금이라도 해결하거나 해결에 도움
이 되는 방법을 찾아서 실행하기 위해 노력해야 한다.

　"나는 아니니까 괜찮아" 또는 "내 주변은 아닐 거야" 하는 그런
안일한 생각은 큰 위험과 혼돈을 초래할 수 있다. 내 가족 주변 또는
자녀와 같은 미래세대, 우리 이후의 세대 구성원들은 미래가치이자
소중한 존재들인데, 나비처럼 비상도 하기 전에 날개가 꺾여 날지 못
하는 상황이 된다면, 세계 학자들이 말한 대로 대한민국이 가장 빨리
인구가 감소하고 멸망하게 될지도 모른다. 그런 내용을 담은 학계의

보고서를 보면 정말 안타까운 마음에 탄식이 나오게 된다.

우리는 모두 부자가 되거나 성공한 사람이 되어 엄청난 플렉스를 하면서 살고 싶은 것이 아니라, 과거의 시대보다 나은 정도로 평범하게 가정을 이루어 생활하고 싶은데, 지금 미래세대들은 평범하게 사는 게 부자가 되는 것만큼 어려운 상황에서 살아가고 있다고 말할 수 있다.

부의 격차가 심한 가장 큰 원인은 부동산 격차 때문이다. 1살도 안 된 아이가 10억 아파트를 가지고 있는 경우나 미성년자 자녀들이 아파트를 증여받은 경우가 500건을 넘는다고 하니, MZ 세대들이 말하는 정의와 공정은 애초부터 불가능한 사회 또는 시대에 우리는 살고 있다고 할 수 있다.

이제부터 공간의 미래자산과 가치에 대한 관점과 생각을 모두 모아서 대안과 해법을 찾으려 노력하고 시도해야 한다. 그렇지 않으면 수없이 많은 사람이 공간으로 인한 고통과 어려움을 겪게 될 것이다. 지금 대한민국의 부동산은 언제 터질지 모르는 버블의 상황에 다다랐다고 예측한다.

부동산 버블이 터지는 경우, 대한민국 전역에 걸쳐 수없이 많은 사람이 겪을 자산에 대한 피해나 고통은 IMF 때보다 훨씬 클 것으로 생각한다. 부동산 가격이 일반 금융상품들보다 월등히 높은 폭으로 상승하면서 부동산 가격과 금융의 갭 차이는 우리가 상상할 수 없을 정도로 되었다. 일본처럼 잃어버린 10년이 아니라 잃어버린 기간이 얼마나 될지 모를 정도로 훨씬 커질 수 있으므로, 이 책을 읽는 독자들은 공간의 변혁과 미래가치에 대해 함께 전도하면 좋겠다.

◆

공간 불균형과 불안으로 인한
다양한 격차와 양면성

앞에서 서술한 내용만 가지고도 공간의 불균형과 그로 인한 불안에 대해 충분히 이야기할 수 있겠지만, 공간에서 생기는 다양한 격차와 양면성에 대해 지금부터 보다 디테일하게 이야기해 보려 한다. 필자가 살아오면서 자주 겪었던 것이므로 필자의 사례를 들어 이야기해 보려 한다.

필자의 부모님은 경제적인 측면에서 자식을 지원하실 수 없는 형편이었다. 지금은 돌아가셨지만 나에게 정말 소중한 아버지에게서 들은 이야기인데, 집을 여러 차례 옮기면서 집에 대한 불안감이나 어려움이 커졌고, 그 불안감과 어려움은 가정의 어려움으로 이어지기 때문에 어떻게든 벗어나고 싶어 필사적으로 노력했다고 하셨다. 그 이야기를 들으면 아버지에게 미안함과 존경심이 동시에 들었다.

이뿐만 아니라 필자가 작가로서, 강연가로서 활동하면서 다양한 멘토링이나 강연 또는 상담해 보면, 제일 마음 아픈 사연은 자녀나 학생들의 가치를 그 부모 또는 가족이 사는 공간에 따라 평가하면서 왕따가 많다는 것이다.

공간이나 경제력으로 사람을 평가하는 일이 기성세대뿐 아니라 미래세대들까지 이어지고 있다는 사실을 우리 모두 정말 반성해야 한다. 오죽하면 학생들의 희망 1순위 또는 0순위가 건물주라고 표현할 정도로 국가와 사회에 도움이 되는 직업이나 가치보다는 공간과 경제력에만 초점이 맞추는 정말 심각하고도 안타까운 상황이라고 말할 수 있겠다.

이러한 이야기 말고도 수많은 사람이 공간의 불균형과 그로 인한 불안으로 차이를 경험한 사례는 무수히 많을 것이다. 필자는 가장 중요한 포인트로 3가지 정도를 이야기하고 싶다.

첫 번째, 공간은 우리에게 가장 예민한 문제가 되는 경제적 격차의 시작점이라 할 수 있다. 좋은 집에 살아온 사람과 그렇지 못한 사람의 인생 조건과 가치관은 정말 격차가 심하다고 할 수 있으며, 이러한 것은 계속 대물림되면서 격차가 더욱 심해지고 있다.

두 번째, 공간에 따른 격차는 바로 결혼과 출산율에도 나타난다. 공간을 가지고 있거나 여유가 있는 사람들은 상대적으로 결혼과 출산하는 경우가 많지만, 지금의 청년을 비롯한 미래세대들은 공간의 격차가 더욱 커서 상대적으로 결혼과 출산하는 경우가 낮아졌다. 최저 결혼과 출산율이라는 수치가 사회에 미치는 영향력과 아픔은 어마어마하다고 할 수 있다.

마지막으로, 사회적인 영향력이나 가치를 만드는 부분에서도 차이가 벌어진다는 것이다. 생활하는 부분에서도 공간의 중요성이나 가치는 크지만, 경제적 가치와 관련한 다양한 활동 또는 프로젝트를 하는 경우에서도 공간에 따른 격차가 크며, 기업인 그리고 자영업자를 비롯해 수많은 사람의 경제 생산과 영향력에서도 공간에 따른 격차가 있다고 말할 수 있다.

미래세대 공간에 대한
인터뷰 그리고
　　　　깨달음

　　필자는 8년 넘게 SNS작가로 활동하면서, 1만 명 이상 되는 사람들을 다양한 장소나 공간에서 만나고 인터뷰하였다. 다양한 장소나 공간을 찾아가 본 경험이 필자에게는 큰 경험이자 자산이라 생각하는 부분인데, 다양한 장소나 공간을 다니면서 공간이나 환경이 사람의 인생과 운명에 커다란 영향을 미치고 변화시킨다는 것을 깨닫게 되었다.

　　맹모삼천지교라는 말은 맹자의 어머니가 맹자의 교육을 위해 세 번이나 이사(移徙)하였다는 가르침이다. 이 말은 교육에서 주위 환경이 중요하다는 것을 이야기하는데, 교육에서 주위 환경이 중요하다면, 인생 전반에서 자신이 겪거나 생존하는 주거나 환경이 얼마나 중요한 것인지를 알 수 있다.

사회적으로 성공해서 여유 있는 사람들의 공통점은 주거 공간을 비롯해 사무공간 그리고 사람들을 만나는 공간 모두가 여유롭고 퀄리티가 높다는 것이다. 그런 공간에서는 사람들이 설레고 긍정적인 마음을 갖게 된다. 대한민국 사람들이 많이 다니는 공간도 있지만, 특별하거나 특수한 공간들도 많을 것이다. 우리는 펜트하우스처럼 특별하고 특수한 공간들에 대한 꿈과 환상을 가지기도 한다.

단순히 지내거나 일하는 공간 말고도 마음 또는 정신에 대한 공간의 격차도 상대적으로 크다. 사회적 활동이 많거나 여유가 있는 사람들일수록 자기 자신에 대한 명상과 영적인 공간을 넓히기 위한 활동과 도전을 끊임없이 한다. 하지만 일반적으로는 대부분 단순히 생활하고 일상을 보내는 공간 안에서만 지낸다. 마음이나 여유에서의 차이가 우리의 삶에 전반적 차이가 되는데, 공간의 격차가 심적인 차이로 나타나게 되는 것이다.

필자는 작가로서 인터뷰 활동을 하면서 사람만 인터뷰한 것이 아니다. 인터뷰 대상을 만나기 위해 그 사람이 원하는 장소 또는 좋은 경험이 있거나 특별한 공간에서 인터뷰하는 경우가 상당히 많았으므로, 필자는 다양한 공간 경험과 체험을 할 수 있었다.

코로나19로 인해 사람들을 인터뷰하는 것이 제약되어 한계가 있었지만, 코로나19 이후로는 SNS나 플랫폼에 기반한 디지털에서 온라인 인터뷰를 진행하는 필자 개인의 채널을 시작해 보려 한다.

코로나19로 인해 필자는 작가로서 인터뷰 등의 활동을 할 수 없었던 데 비해, SNS문화진흥원이라는 사단법인 활동을 시작하자 주변 사람들이나 심지어 모르는 사람들이 인스타 또는 페북으로 필자에게 인터뷰를 요청하거나 인터뷰와 관련한 문의나 연락을 주는 경우가 상당히 많았기 때문이다.

이번에 필자 개인의 채널로 인터뷰 프로그램이나 코너를 진행하게 된다면, 과거에 필자가 인터뷰하거나 활동한 부분 외에도 다양한 요소나 옵션을 넣어 기존 인터뷰와는 또 다른 새로운 인터뷰를 시작해 더 다양한 경험과 가치를 만들어보고 싶다. 특히 공간을 주제로한 인터뷰도 해보고 싶다. 공간에 대한 관점이나 생각은 사람마다 다르므로, 공간에 대해 다양한 사람들이 가진 관점이나 생각을 다양한 요소와 접목해서 더 많은 경험을 독자들에게 전하고 싶다.

◆

국민들이 가장 많이 겪고 있는
문제의 시발점은 바로

주거 불평등과
    불균형에서 시작

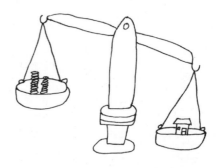

2021년에 국민이 가장 큰 사회적인 문제로 인식하고 있는 것은
코로나19 그리고 부동산일 것이다. 코로나19는 백신을 비롯해 대한
민국에서 수고가 많고 존경하는 의료진 및 간호하는 모든 사람 덕분
에, 위드 코로나 또는 코로나 극복을 향해 나아가고 있다. 그러나 부
동산 문제나 부동산에서 비롯된 가계부채는 여전히 수많은 사람의
생존과 미래를 위협하고 있는 것이 우리의 현실일 것이다.

부동산, 1인 가구 그리고 주거 환경의 불평등과 불균형으로 인
해 우리의 격차는 베스트 셀러의 제목 〈초격차〉처럼 우리 인간이
극복할 수 있는 격차를 급속도로 초월해가는 상황이다. 코로나19는

그래도 질병을 극복하거나 치료할 수 있지만, 인간의 역사 중에 부동산을 비롯한 토지 관련 제도 그리고 시스템은 수천 년이 지난 지금에도 여전히 고민과 고통을 우리에게 주고 있다.

경제 불평등이나 불균형에 대해서는 미디어에서 이슈가 되어 다양한 목소리가 나오지만, 상대적으로 공간의 차이에 따른 주거 불평등과 불균형에 대해서는 미디어에서 이슈가 되지 못해 목소리가 상대적으로 작다 보니, 우리가 처한 상황이나 직면한 문제는 심각한 상황임에도 덜 와닿는 것 같다. 주거 불평등과 불균형은 사회 문제를 복합적이고 고질적으로 만드는 큰 원인 중에 하나라고 말하고 싶다.

스스로가 안전하게 생활하거나 가정을 꾸려가는 상황이 시대 발전과 다르게 역변으로 어렵거나 점점 낮아지고 있는 것이 현실이다. 이것은 우리의 미래 인구가 점점 줄어든다는 위기의식과 함께, 문제를 해결하기 위해 펼친 그동안의 정책이나 방식이 도움이 되었을 수도 있지만, 그렇지 못한 경우가 더 많았으므로 상황이 더욱더 악화되고 있다는 것을 의미한다.

과거 역사에서도 공간 즉 영토 때문에 일어난 것이 바로 전쟁이라 할 수 있다. 지금은 전쟁보다는 서로 균형과 평화를 원하고 노력하고 있지만, 공간에 대한 제약성과 문제가 심각해지면 과거와 마찬가지로 우리는 위험에 직면할 수도 있음을 인지해야 한다. 공간으로 생기는 문제는 과거부터 참 많았다. 2021년 또는 2022년이 되었음에도 이러한 문제나 상황은 버전이나 내용만 다를 뿐 본질은 비슷해서, 공간 문제로 인해 다양한 피해 사례가 쌓여 다양한 갈등 상황이 만들어지고 있다.

주거 그리고 공간에 대한 평등의 개념보다 자유로운 시장에서 기본적으로 1인 1책처럼 1인 1집이라는 주거 기본권을 경제력과 상관없이 보장하는 방법의 마련이 시급하다. 공간 문제가 해소되면 다양한 사회 문제가 축소될 것이고, 사람이 공간에서 안정을 얻으면 심신 안정과 인생에서의 안정을 빨리 찾아 더 안정적이고 진취적인 사회생활이 가능하게 된다. 주거와 관련된 법과 복지 그리고 제도들이 시대 발전을 못 따라가고 있는 현실의 안타까운 상황을 많이 알리고 개선하기 위해, 우리는 주거 불평등과 불균형 그리고 불공정을 개선하여 주거(수단)보다 인간(주체)이 우선인 사회를 만들기 위해 노력해야 한다.

◆

공간에 있어서
보이지 않는 미래가 아닌

보이는 발전과
눈에 띄는 성장과 역전이 필요

공간에 대한 보이지 않는 미래 즉, 이것은 인간이 발전이나 성장 그리고 희망을 느끼지 못하고 반대되는 부정적 감정들이 생겨나게 만드는 촉매제와 같다고 할 수 있다. 가족들과 사는 삶 또는 넓고 좋은 공간의 경우보다 혼자 사는 삶 또는 좁고 좋지 못한 공간에서 우리는 보이지 않는 미래를 비롯해 인간이 겪을 수 있는 좋지 못한 감정들을 복합적으로 겪을 수 있다. 시대와 문명은 발전하지만, 인간의 마음과 행복은 반비례 되는 아이러니한 상황이 발생하는 것이다.

공간에 대한 미래가 보이지 않는 안개 같은 상황, 지속적인 폭풍우처럼 우리가 적응하고 대처하기 점점 힘들어지는 현실을 이제 보이는 미래, 사람과 행복을 우선으로 하는 성장, 행복을 중심으로 하는 공간과 부동산 시장으로 새롭게 개편할 필요가 있다고 말하고 싶다. 공간만 해결돼도 지금 사회에서 일어나는 최악의 1위를 찍고 있는 문제들의 절반 이상을 해결할 수 있다고 생각한다.

우리가 가장 힘들어하는 문제는 불안하고 보이지 않는 미래, 해결하려 해도 지속해서 계속 따라오는 문제일 것이다. 사회적 문제를 해결하고 미래로 나아가기 위해 지속 가능한 발전이라는 키워드나 용어가 나오지만, 실제로는 개인이나 사람들이 어려워하거나 고민하는 많은 것들이 지속해서 발전하고 있다는 것이 우리에게 더욱 어려운 숙제이다. 그런 숙제는 답이 없을 것 같은 느낌마저도 들게 한다고 할 수 있다.

눈에 보이거나 피부에 와닿는 등 오감에 맞닿는 성장과 변화가 있어야, 사람은 몸과 마음에 여유가 생기고 행복해한다. 그런 성장과 변화가 사람이 살아가는 원동력이 된다. 이러한 성장과 변화를 만들기 위해서는 1인 가구 공간 또는 부동산에 대한 감성이 가장 필요하다고 말하고 싶다. 공간 문제의 시작은 너무 냉정하고 냉혹할 정도로 이성적인 정책이나 경제로만 이루어진 시장에서 발생하는 빈틈이자 사각지대에서 시작된다.

부동산과 공간에 대한 감성적인 마인드가 필요하다고 말하는 이유는 첫 번째로 정이 있어야 하기 때문이다. 사람이 사는 세상이 너무 정 없고 차갑다 보니, 공간마저도 따스한 온정 없이 추운 세상의 연장선에서 임시로 지내는 공간이 되었을 수 있다. 여기서 말하는 추위는 온도에 따른 추위가 아니라 다른 감성적인 우리 마음의 온도를 말한다.

두 번째로 공간에 대한 감성이 필요하다고 말하고 싶은 이유는 우리의 미래와 희망은 밝아야 하기 때문이다. 점점 어두워지는 공간의 미래를 희망으로 바꾸기 위한 태양이나 등대와 같이, 공간과 부동산으로 사람들에게 희망을 주는 부분의 성과를 보상하려면 감성적 요소도 필요하다고 말하고 싶다.

요즘 ESG나 CSR과 같이 기업들을 비롯해 사회에서도 사회적인 가치나 공익을 슬로건으로 하는 것처럼, 1인 가구를 비롯해 공간과 부동산의 가치나 기준에 대해서도 이성이 아니라 감성으로 재정립할 필요가 있다.

마지막으로 감성적으로 미래세대들이 살아가기에 적정한 시장과 기준을 만들기 위해 감성적인 대화와 협의를 위한 참여가 필요하다. 그동안 너무 이성적이고 딱딱한 전문가 위주로 시장 정책과 해결책을 마련하다 보니, 사람들에게 빈틈없이 어렵기만 한 문제와 같은 공간과 부동산 시장이 되어버렸다. 그러므로 비전문가나 실제로 생활하며 어려움을 겪는 사람들이 주체가 되어 감성적으로 새로운 가능성과 메시지를 전달한 내용을 전문가들이 현실화하는 것이 훨씬 정답 또는 혁신에 가깝다고 이야기하고 싶다.

기존의 방식과 해결 방법으로는 지금의 보이지 않는 미래 공간을 더욱더 어렵게 만들 뿐이므로, 이제는 거꾸로 시도하고 다른 변수를 줘야 할 때라고 필자는 말하고 싶다.

공간 불만족에서
공간 대만족으로,

공간 성장과 변화가
우리 모두의 운명과 미래를 바꾼다

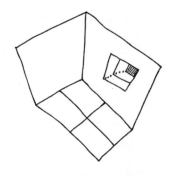

공간에 대한 만족보다 불만족이 훨씬 크고, 과거부터 현재 그리
고 미래까지 만족스럽게 사는 사람보다 불만족스럽게 살아가는 사람
이 점점 기하급수적으로 늘어나고 있다. 이런 사회에서 우리의 운명
과 미래가 발전하고 성장하는 삶이 아니라, 버티거나 애쓰는 삶으로
가고 있는 현실이 마음 아프고 걱정과 두려움이 가득해진다.

공간에 대한 긍정적인 뉴스나 우리에게 행복을 주는 사례보다
부정적인 뉴스나 공간으로 인해 겪는 아픔이나 걱정하는 사례들이 세
상에 많이 전해지고 있기 때문이다. 대한민국은 세계 선진국에 진입

했을 정도로 발전과 성장을 급속도로 해온 나라여서 발전하는 국가처럼 국민이 행복하고 미래가 밝다고 생각하지만, 각종 미래 관련 보고서들이나 기사 그리고 자료들을 보면 한국의 미래는 상당히 어둡게 나오는 상황이라고 말할 수 있다.

대한민국은 행복이나 사람의 가치 그리고 질적인 삶보다는 그러한 행복과 가치 그리고 삶을 포기한 에너지나 노력으로 성장한 국가이기 때문에, 선진국의 성장과 반대로 국가에 소속된 사람들과 개인의 삶은 더 어렵고 힘들게 된 역변하는 상황이다.

특히 공간과 부동산이 가장 두드러지게 문제가 되고 있지만, 하루가 다르게 빠르게 바뀌어 가는 세상에서도 공간만큼은 상황의 개선이나 변화가 이루어지지 않고 있다. 그 이유는 공간의 성장과 발전에 초점을 두지 않고 공간의 가격과 가치를 높이는 부분에만 초점을 맞춰 액션 하는 경우가 많아서 생긴 문제이기 때문이다.

미래세대들이 겪는 어려움과 생존을 위해 가장 먼저 해결되거나 변화해야 하는 부분이 바로 공간이라 말할 수 있다. 세상과 지금 대한민국에 나의 공간은 어느 정도 되는지를 생각해 보면 공간에 대한 개선이 필요하다는 마음이 더욱 생길 것이다. 성장과 변화는 전혀 다른 포인트를 가진 의미이자 단어라 생각된다.

공간의 성장은 사이즈나 발전 가능성을 말하는 것이다. 1인 가구 기준으로 열 평도 안 되는 집에서 지내거나 사는 경우가 더욱 증가하고 있는 상황에서, 미래에는 한 공간 안에서 모든 것들이 이루어지는 상황이 유비쿼터스와 같이 온다고 하지만, 공간이 좁아서 유비쿼터스의 가능성이 없다면 그것은 허상 또는 구운몽과 같은 것이므로 미래에 있어서 공간의 성장은 선택이 아닌 필수라 할 수 있다.

보이지 않는 미래, 쉬워질수 고통의 입맞춰리 공간

공간의 변화는 시대가 바뀌면서 집을 짓는 재료나 집의 구조 그리고 공간 디자인을 비롯해 옵션과 서비스들이 바뀌는 것으로 우리는 인지하고 있다. 그런 공간의 변화를 열망하고 있지만, 시대의 발전과 주변의 변화와 비교해서 1인 가구의 공간 변화는 상대적으로 더디거나 열악한 것이 현실이라 말하고 싶다. 공간의 변화가 사람에게 주는 안정감과 행복이 크므로 공간의 성장에 이어서 변화 역시 선택이 아닌 필수라 할 수 있다.

공간에 대한 불만족과 어려움은 공간의 성장과 변화가 공감대가 되고, 자본에만 의존한 시장이 아니라 인간이 우선이 되는 시장이 돼야 공간에 대한 대 만족과 행복이 찾아올 것이다.

우리에게 늘 보이지 않는 큰 불안과 미래를

작지만 보이는 행복한 가치를 만드는 것이 바로 인생이다.

The 3rd space

공간과 환경의 상관관계와
'주거 판갈이론'

'지금'이라는 시간은 미래를 위해서라도
끝없이 고민하고 놓쳐선 안 될 순간이다.

내가 사는 공간이 나아져야
주변 환경이나 상황에 관심

인간의 인칭에 따른
심리와 행동

사람마다 다르겠지만, 필자의 경우에는 사는 공간에서 겪는 여러 가지 어려움이나 열악함으로 인해 주변 환경이나 상황에 대한 관심이 상당히 위축되었고 자괴감이 들었다. 예를 들면, 필자의 집은 원룸인데, 사람들을 만나거나 좋은 지인들 덕분에 좋은 환경의 건물 또는 집에 가서 잠시 체험하고 사는 집에 돌아오면 현타나 자괴감이 드는 경우가 많았다.

작가로서 그리고 다양한 위원회의 위원으로서 활동하면서 환경을 비롯한 다양한 분야의 전문가들을 보게 되는 경우가 많았는데, 특히 미래세대나 지구 환경과 관련한 내용을 이야기하는 사람들과 이야기할 필요성은 인지하였지만, 필자가 참여하여 활동할 기회를 마련하기 어려웠다. 당장 필자가 생존하며 지내야 하는 공간이 불안한 상황에서 도움을 주기보다 오히려 피해를 주거나 문제가 될 수도 있다고 생각했기 때문이다.

사회적으로 활동하며 여유가 있고 주변을 돕는 사람들과 비교해서 여유가 없으나 주변을 돕는 사람들은 정말 대단해서 존경을 표하고 싶다는 생각이 많이 들었다. 여유가 있는 사람들이 도울 때는

'노블레스 오블리주'를 실천하는 사람이구나 하면서 관심을 가지는 경우가 많았다. 여러 가지 상황을 보면 주변보다 어려운 경우가 더 많았다. 사람들이 전부 필자와 같을 수는 없겠지만 필자처럼 생각하는 경우가 많을 것이라는 생각이 든다.

주거와 환경은 분리된 게 아니라 연관되고 두 개의 가치가 이어진다고 말하고 싶다. 집안 환경이 나아지면 주변 환경 나아가 세계적인 환경 문제의 해결에 관심이 높아지는 부분이 있다. 반대로 집안 환경이 열악하면 주변 환경 나아가 세계적인 환경 문제의 해결에 관심을 두지 않는다. 한 예로, 과거에는 공기청정기, 제습기를 비롯해 여러 가지 환경을 위한 도구나 물건이 상대적으로 적었다.

하지만 시대가 발전함에 따라 집안 환경을 깨끗하게 하기 위한 청소용품을 비롯하여 집안 환경의 개선을 위한 상품과 서비스들이 많이 생겨나고 있다. 환경 문제 해결을 위한 후원 또는 지원보다 집안 환경의 개선에 더 많은 에너지와 비용을 들이는 이유는 자신에게 직접적으로 영향을 미치는 환경에 기울이는 관심이 가장 우선이고 이후 순차적으로 관심을 기울인다고 생각해 볼 수 있기 때문이다. 그런데 우리에게 직접 영향을 주고 매일 함께하는 공간이 개선되기도 하지만, 오히려 개선되지 않아 고민거리가 되는 경우가 더 많다.

대한민국의 주변 환경은 과거보다 많이 발전하고 있지만, 자신이 머무는 공간 또는 자신에게 가까운 공간을 개선하기 위한 재원과 에너지가 상대적으로 낮아서 문제가 된다. 앞으로 환경처럼 거시적인 부분에서는 UN의 지속 가능한 발전을 비롯해 그린뉴딜 등 다양한 주제로 이야기들을 할 것인데, 1인 가구를 포함한 주거 환경에 대해서도 관심을 쏟고 문제 해결을 위해 아낌없는 지원과 참여가 필요할 것이다. 자신의 삶이 나아져야 주변과 세계 환경에 대해 더 관심을 기울이고 노력할 수 있다고 말하고 싶다.

　　사람은 피부에 와닿는 직접적인 부분부터 우선 해결하는 것이 중요하다.

미세먼지보다 더 심한
코로나 펜더믹 이후 찾아올
주거 펜더믹

현실판
아기 돼지 삼 형제

코로나19 이전에는 강연처럼 오프라인에서 활동할 수 있는 무대나 기회가 많았다. 하지만 코로나19를 겪으면서 사람들은 점점 혼자 지내는 시간이 늘어났고 다양한 위험 상황에 노출되어 어려움을 겪기도 했다. 필자 역시 그런 사람 중의 한 명이라는 생각이 들었다.

필자가 SNS작가로 활동하기도 하지만, 주 활동 영역은 오프라인이었기 때문이다. 우리는 다양한 어려운 상황을 겪으면서도 그것을 극복하여 더 나아진 경우가 많았다. 하지만 이번 코로나19 같은 경우는 우리가 위험이나 어려움에 언제든지 봉착할 수 있음을 알 수 있게 해준 것 같다. 코로나19 상황을 겪으면서 어느 날 순간적으로 과거 어릴 때 읽은 〈아기 돼지 삼 형제〉라는 동화가 생각났다.

〈아기 돼지 삼 형제〉에서의 핵심은 위험에 대비하고 상황에 대처한다는 것이다. 대한민국은 미세먼지를 비롯한 환경 문제보다 건강의 위기가 왔을 때 관심이 더 크고 높아졌다. 중대한 위험인 코로나19가 오는 상황에서 마스크 생산을 비롯해 방역에 집중하면서 미세먼지 같은 문제를 생각할 여유가 없어진 것이 현실이다.

주거의 어려움과 그로 인한 문제가 앞으로 코로나19보다 훨씬 더 장기적인 위험 요소가 될 수 있다는 점을 필자는 말하고 싶다. 코로나19로 인한 복합적인 문제들로 우리는 상당한 피해를 봤지만, 이를 계기로 공간에 대한 의존과 인생에 대한 위기감이 높아졌기 때문이다.

공간에 대해 〈아기 돼지 삼 형제〉에서 첫째, 둘째 돼지처럼 다양한 위험 요소에 노출되어 있는 상황에서, 지금부터라도 주거 펜데믹을 비롯해 더 위험한 요소의 펜데믹 상황에 셋째 돼지처럼 철저하고 안전한 대비를 위해 다 같이 고민하고 행동해야 하는 상황에 놓여있다.

코로나19로 발생한 코로나 펜데믹은 우리들의 라이프 스타일뿐만 아니라 환경과 생활패턴과 행동을 변화시켰다. 홈트레이닝부터 비대면 회의 등 집안에서 모든 것들을 해결해야 하는 상황이 더욱 많이 발생한 것인데, 집 공간이 좁거나 주거 환경이 어려운 경우에는 더 제한적이고 어려운 상황으로 될 수밖에 없다.

밀폐되고 좁은 공간일수록 건강에 대한 대처가 힘들다. 앞으로 집에서 가정생활뿐만 아니라 일이나 운동 등 다양하게 활동하게 된다면 공간의 중요성과 가치는 더욱 높아지게 되는데, 이것은 집의 가격과 가치들을 더욱 높일 수 있는 요소로 작용할 수 있음을 암시한다.

미세먼지와 환경의 급변화 그리고 코로나19까지 환경에 직결된 문제들이 증가하고 있는 상황에서, 우리는 공간의 위기 즉, 주거 펜데믹에 어떻게 대처하고 앞으로 미래에 살아가야 할지에 대한 고민을 넘어 해결을 위한 실행을 할 수 있는 여건과 상황을 만들기 위해 노력해야 할 것이다.

주거와 환경의 차이점과 공통점
더 나아가서는 공생 관계

역발상이 운명을 바꾼다

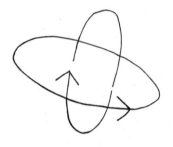

사회 분위기나 시대적인 상황에서 볼 때 환경에 대한 다양한 관심과 이슈가 있지만, 실제로 우리의 상황에서 더 와닿는 부분은 주거 또는 공간에 대한 관심과 이슈라 생각한다. 주거와 환경에 대한 필자의 생각을 쓰는 이유는 주거와 환경의 유사성과 차별성에 대한 관점 차이를 알아야 공생 관계임을 이해할 수 있기 때문이다.

기존에 생각하던 주거와 환경의 의미나 가치에 역발상적으로 전혀 다르게 접근하거나 해석해야 우리는 그것들을 변화시킬 수 있다. 필자는 과거 멘토링이나 인터뷰하면서, '사회에서 성공한 사람들처럼 되려면 어떻게 해야 하나요?'라는 질문을 많이 받았다. 그때 필자는 기존의 살아온 방법이나 생각과 반대로 하면 성공하게 된다고 이야기했었다.

사람들이 고정된 생각과 패턴대로 살아오면서 단점이나 문제가 생겼으므로, 앞으로 살아가면서 겪게 되는 다양한 경험과 문제에 대해서는 기존과 다르게 접근해야 다른 해법과 변화가 일어나기 때문이다. 주거와 환경 역시 우리가 살아오면서 겪거나 배운 의미나 생각이 아니라 다르게 접근해야 공간의 문제와 어려움을 조금 더 잘 이해하고 변화시키는 데 훨씬 큰 도움이 된다고 말하고 싶다.

필자가 말하는 주거와 환경의 첫 번째 차이점은 주거는 사람에게 직접 공간이고, 환경은 사람에게 간접 공간이라는 것이다. 직접과 간접의 의미를 주거와 환경에서 생각해 보면 주거는 살아가는 공간으로서, 자신에게 온전히 여유와 쉼을 줄 수 있는 공간이다. 반면 환경은 다양한 사람들이 영위하는 공간으로서, 장소나 지역에 따라 다양한 영향을 받을 수 있는 공간이다.

두 번째, 주거는 스스로 개선할 수 있는 공간이고 반대로 환경은 다양한 공동체의 사람들이 같이 만들어가는 공간이다. 즉, 주거는 자신이 주체가 되어 살아가는 곳으로 다양한 변화나 형태를 만들 수 있는 공간이다. 환경은 자신이 주체가 아니고 다양한 여건과 상황에 맞게 변화나 형태를 만들 수 있는 부분이다. 그러므로 주거 변화가 환경 변화보다는 조금 나을 수도 있다는 것을 의미한다.

마지막 세 번째, 주거는 개인이 주체가 될 수 있지만, 환경은 개인이 주체가 될 수 없는 부분이다. 첫 번째 차이점과 유사할 수 있지만, 필자는 전혀 다른 관점과 의미라고 이야기하고 싶다. 주거 공간은 어떠한 문서를 통해 소유할 수 있지만, 환경 공간은 환경의 범위나 내용이 광범위하여 사람이 전부 소유할 수 없다. 사람이 소유하거나 주체가 될 수 있어서 환경보다 주거 또는 부동산에 더욱더 관심이나 집중이 될 수밖에 없다.

필자가 생각하는 주거와 환경의 첫 번째 공통점은 사람이 주체가 된다는 것이다. 이것은 의미하는 바가 큰데, 사람에게 주거와 환경의 중요성은 모든 역사 기록이 주거와 환경에 기반한 장소에서 시작되었다는 것에서 알 수 있다. 사람의 삶에서 주거와 환경이 가지는 가치는 인류 역사의 시작 때부터 지금까지 이어져 오는 것이다.

그러므로 주거와 환경은 우리에게 아주 중요한 가치인데, 공기가 눈에 안 보인다고 당연하게 생각하면서 등한시해서는 안 되는 것처럼 우리는 사람이 공간의 주체라는 의미를 생각해 볼 필요가 있다.

두 번째 공통점은 지금도 앞으로도 해결해야 하는 숙제이지만 해결하기 쉽지 않은 숙제라는 점이다. 인류의 시작 즉, 과거부터 현재 그리고 미래까지 수없이 많은 시간이 지나가고 다양한 역사와 문명 그리고 시대가 발전했음에도, 주거와 환경은 시대에 따라 다양한 어려움과 문제를 낳으며 우리에게 여전히 미션을 주는 것이다.

미래에도 주거와 환경에 대해 고민하고 해결을 위해 계속 노력하겠지만, 또 다른 상황과 변수로 인해 주거와 환경이 우리에게 어떤 영향과 변화를 줄 것인지 알 수 없다. 그러므로 더욱더 경각심을 높여야 한다.

마지막으로 세 번째 공통점은 주거와 환경은 부부 같은 사이라고 할 수 있다는 점이다. 주거가 발전한 도시는 환경이 좋지 못하고 반대로 환경이 좋은 자연 친화적인 섬 또는 장소는 주거가 상대적으로 좋지 못한 점이 있다. '좋다', '좋지 못하다'라는 기준이 모호할 수는 있지만, 필자는 사람의 편리성과 문명의 혜택을 기준으로 이야기한다.

예외적으로 환경이 좋으면서 주거가 좋은 곳도 과거와 달리 생겨나고 있는데, 사람들이 점점 주거와 환경을 서로 공통적인 것으로 생각하며 추구하고 있다는 점에서 주거와 환경을 부부 같은 사이라고 이야기할 수 있다.

주거와 환경은 공통점과 차이점이 있지만, 핵심은 공생 관계라는 부분에 있다. 주거와 환경은 관계가 밀접하고 중요성이 크다. 그러므로 주거와 환경을 같이 신경 쓰고, 정책이나 제도의 면에서도 같은 부분과 다른 부분을 서로 연관 지어서 관심을 기울이고 노력해야 한다고 이야기하고 싶다.

주거와 환경이 서로 유기적으로 연결돼야 하는 이유는 주거는 문명에 해당하고, 환경은 자연에 해당하기 때문이다. 서로 조화 즉, 밸런스를 맞춰야 발전할 수 있다. 너무 한쪽에만 편향되거나 한쪽으로 사고가 매몰되면 우리가 원하는 미래와는 다른 결과나 가치가 나오므로 주거와 환경에 대한 밸런스는 시대가 발전할수록 더욱 중요한 가치라고 할 수 있겠다.

공간에 대한 이해관계 및 상관관계

주거는 행정이 아닌
경험과 현장에서 해결점 찾기

　　1인 가구를 비롯해 미래세대의 주거나 독거노인을 포함하여 다
양하게 사는 사람들에 대한 정책과 제도는 행정이나 책상 서류에서
나오지 않는다. 직접 오래도록 경험 해온 사람들의 피드백과 의견을
중심으로 해결점과 힌트를 얻기 위해 노력해야 한다.

　　그렇게 노력해야 하는 이유는 가족과 함께 넓은 집에서 살던 사
람들은 좁은 공간을 비롯해 1인 가구에 대한 공감과 경험이 전혀 없
기 때문이다. 또한 인터넷을 비롯한 미디어에 나오는 자료와 실제 1인
가구로 생존하는 사람들의 이야기에 차이가 있거나 다른 때도 생각
보다 많다.

　　가족 중에서도 부모와 자식들 간에 공간에 대한 의견이나 생각
이 다르고 싸움이 일어나는 이유도 공간에 대한 공감이나 생활 경험

이 전혀 다른 세대이기 때문이다. 부모 또는 기성세대들은 지금의 청년을 비롯한 미래세대들이 겪는 공간으로 인한 어려움이나 고민을 제대로 이해 못 하는 부분도 있고, 반대로 부모 또는 기성세대들이 공간과 부동산에 대해 왜 지금의 시장과 상황이 될 수밖에 없었는지를 이해하거나 공감하지 못하는 이유는 청년을 비롯한 미래세대들과 서로 다른 환경과 시대를 살았기 때문이다.

하지만 함께 생각한다면 좋을 것이므로, 지금의 청년들을 비롯해 앞으로 미래세대들은 공간의 시장 가격 또는 상황이 과거와 상당히 차이 나는 초격차가 심한 험난하고 어려운 공간 품귀 시대로 접어든다고 생각하면서, 공간에 대해 기성세대들과 이야기하면 고민이나 상황에 대한 공감과 이해가 훨씬 높아질 것이다.

공간에 대한 이해관계는 시대와 상황에 따라 달라도 공간으로 인한 어려움과 고통은 미래세대에게도 공통적이라는 것을 생각하면 좋을 것이다. 그런데 대부분은 공간을 통한 이익을 비롯해 본인의 입장에만 집중하다 보니 공감대나 이해가 없이 시장을 이용하여 가격이 가파르게 오르게 되었다. 그로 인해 수많은 사람이 피해를 보게 된 것에서, 시장에서 조정 가능한 가격을 초월하는 경우 급격하게 망하거나 혼탁해지는 사례를 많이 보게 된다.

그렇기에 공간에 대한 구조조정이나 공간에 대한 시장 가이드가 필요하다. 따라서 공간에 대한 공급과 소비를 서로 맞추기 위해 역지사지하거나 체험이 필요하다.

다른 경우로 공간에 대한 상관관계가 있다. 공간의 가격이 오를수록 경제적으로 이익 보는 사람이 있는 반면에, 공간 이용에 대한 경제적 부담이나 어려움이 늘어나 사회 문제가 급격하게 증가한다.

반대로 공간의 가격이 낮아질수록 경제적으로 손해 보는 사람이 있지만, 공간 이용에 대한 경제적 부담이나 어려움은 나아지지 않고 사회 문제는 주춤하는 현상이 있다.

공간 또는 부동산이 일반적인 상관관계를 가지는 이유는 코로나19를 보면 이해가 쉬워질 수 있다. 코로나19는 기존의 바이러스와 달리 다양한 버전의 바이러스가 변형하여 생겨난 바이러스인데, 그래서 백신을 비롯한 치료법을 찾는데 시간이 길어지거나 어려운 것과 비슷하다고 할 수 있다. 공간과 부동산 역시 기형적이고 다양한 변이가 있어서, 그 해법은 자연적인 치유 또는 치료가 아니라 대처법과 해법을 찾기 위해 다양하게 시도하고 범지구적으로 접근할 필요가 있다.

공간에 대한 다양한 변수와 상황에 시시각각으로 대처할 수 있는 컨트롤 타워나 모니터링이 필요하다고 말할 수 있다. 공간과 사회 현상이나 이슈가 맞닿은 부분이 상상 이상으로 많다. 성인이 되고서 가장 먼저 해결해야 하는 숙제가 바로 공간이라고 할 수 있다.

그런데 우리는 공간에 대해 해결하지 못하고 다른 부분들의 문제를 해결하려 접근하는데, 제대로 해결된 부분이 없이 지속해서 복합적인 문제들이 더 크게 야기된다. 사람이 아플 때 바로 치료하지 못한 상황에서 방치하여 다른 부분으로 옮겨가 더 큰 병을 초래하는 것과 비슷한 원리라 할 수 있겠다.

한 가지를 제대로 해결해야 다른 부분들도 해결하기가 수월하듯이, 공간을 해결하면 다른 부분에 대한 접근이 조금은 여유로워지고 쉬워질 수 있다. 그래야 사람이 사람답게 행복하게 사는 가능성에 더 가깝게 다가갈 확률이 높아지게 된다.

국민의 주거와 공간에 대한
　　의식과 관심이 깨어나야 한다
'주거 판갈이'의 시작점과 명분

　　주거와 공간으로 인해 다양한 애로사항이나 어려움을 겪으면서 변혁하려 하기보다 신세 한탄만 하거나 자포자기하는 현실이 바로 지금의 대한민국 상황이라는 생각이 든다. 이미 과거부터 사회 전반적으로 토착된 부동산과 공간에 대한 문제가 쌓이고 쌓여 지금의 더 난감한 상황으로 되지 않았을까 하는 생각이다.

　　다른 관점에서 보면 미국을 비롯해 일본 그리고 선진국들도 해결하지 못한 부동산 버블을 대한민국이 어떻게 해결할 수 있겠느냐는 것이다. 미래를 우리가 만들기보다 이미 정해진 운명처럼 생각하기 때문에 이러한 상황의 심각성은 더욱 커지고 있다는 생각이 든다.

　　모든 역사에서 변화와 기적은 다수 사람이 계몽과 변화를 외치면서 시작되었다. 그것이 지금의 민주주의가 되었다. 우리는 공간으로 인한 고통과 상황의 심각성을 인지함에도 미디어나 사회에서 이슈가 되는 주제에만 매번 목소리를 내는 상황이다.

　　공간에 대해 가지는 개인적인 의식과 관심이 아니라, 미래세대들이 새로운 가능성을 발휘하면서 성장하도록 만드는 공간의 역할과 가치가 대한민국에서 점점 사라지거나 퇴색하고 있다. 국민이 부동산 비리나 사건에 목소리를 내는 것도 중요하지만, 더 중요한 것은 이러한 부분이 발생하지 않도록, 모두가 공간의 성장과 발전을 위한 조건과 가치를 가져올 수 있도록 지속해서 노력해야 한다는 것이다.

주거 시스템은 과거부터 선진국에서 가져온 방식 또는 전문 영역으로만 접근하고 해석하다 보니, 다른 나라와는 다르면서도 공통적인 상황이 생기면서 공간에 대한 희로애락과 애로사항이 정말 다양해졌다. '주거 판갈이' 또는 주거 대혁명에 대한 이야기를 대한민국에서 적극적으로 시작해야 하는 이유가 시간이 지나갈수록 더욱 많아지고 있다.

2022년에 주거 판갈이 또는 주거 대혁명의 최적화된 타이밍과 상황을 놓쳐서는 절대로 안 될 것이다. 코로나19를 비롯해 수없이 많은 어려움과 난관에 봉착하거나 극복하고 있는 상황 또는 또 다른 어려움이 올 수도 있는 상황에서, 우리가 대비하고 개선하지 않으면 더욱 어렵고 힘든 상황을 초래하게 될 것이다. 또한, 디지털과 비대면 시대로 급변하는 상황 속으로 점점 우리가 매몰되면 놓치는 상황도 발생하게 된다.

주거 그리고 공간은 우리 인생과 미래에 가장 밀접하게 직결된 문제이다. 공간 없이 산다는 것은 불가능하므로 미래의 생존과 행복을 위해서라도 공간과 주거를 의식하고 관심을 가질 수 있게 하는 외침과 목소리가 더욱 강해져야 한다고 말하고 싶다. 공간을 개혁하고 주거와 공간에 대한 주권 즉, 주거권을 되찾느냐 못 찾느냐가 우리 모두의 인생에 큰 영향을 주는 사건이 될 것이라 말하고 싶다.

미래를 정해진 대로 사는 것이 아니라, 우리가 만들어갈 수 있도록 더 나아가서는 미래세대들이 주체적으로 만들 수 있도록 공간에 대한 주권과 가치를 바로잡아야 할 것이다.

◆

주거 판(시장)이나
삼겹살 굽는 판의 공통점과 변화

공간이 사람보다
우선일 수는 없다

우리들의 기울어진 축거판

　　필자와 독자를 포함하여 삼겹살이나 고기를 좋아하는 사람들
이 적지 않을 것으로 생각한다. 고기를 굽거나 요리할 때 화력과 요리
에 필요한 재료 특히 고기가 중요하다고 생각하는 사람들도 많겠지
만, 판도 정말 중요하다. 고기를 굽다 보면 판이 점점 변형되거나 그슬
려 달라질수록 맛이 점점 달라지므로 식당에서 항상 하는 말이 있다.
"고기 판 좀 갈아주세요"라고 말이다. 즉, 고기 판에 문제가 있어서 우
리가 앞으로 고기를 더 구워 먹거나 하려면 새 판이 있어야 가능하기
때문이다.

　　공간 역시 삼겹살 판 또는 고기 굽는 판과 비슷한 부분이 있다.
공간을 비롯한 시스템이나 제도 그리고 여러 가지 여건들이 과거부터

이어져 지속하는 것이 많고 변화한 부분이 현저하게 적다 보니, 부동산을 비롯한 공간에 대한 사회적인 문제와 쟁점이 급격하게 늘어나고 있다고 말할 수 있겠다. 필자 역시 이러한 부분에 어려움을 겪고 고민했고 수많은 사람을 보면서 꼭 판을 갈 거나 바꾸기 위한 주거 대개혁 또는 주거 대혁명이 필요하겠다는 생각이 들었다.

과거부터 현재까지 공간의 발전이 전혀 없었던 것은 아니지만, 기성세대들과 달리 현재의 청년을 포함한 미래세대들이 공간의 레벨이 현저히 높아서 접근조차 어려워 포기하게 만드는 부분이 가장 큰 어려움과 문제라고 할 수 있다.

게임을 할 때 미션 레벨이나 퀘스트 내용에 맞는 레벨에 접근하면서 하면 재미있지만, 레벨 격차가 너무 커서 접근조차 하지 못하면 포기하거나 접는 경우가 정말 많다. 지금 공간 또는 부동산을 포함한 1인 가구 시장의 레벨은 상상 이상 또는 상상 초월이라고 할 수 있다.

1인 가구를 비롯한 미래세대들이 생존하거나 성장하기 위해서는 지금의 부동산이나 공간의 제도나 시스템으로는 한계가 있다고 할 수 있다. 삼겹살 고기 판은 여러 번 갈 수 있고 매일 수없이 많은 고기 판이 바뀌지만, 공간에 대한 판은 한참 기울어진 운동장과 같아서 바꾸거나 변혁하기가 정말 어렵다. 변혁이 어렵다는 것은 그것을 해냈을 때는 엄청난 변화가 일어나 우리에게 영향을 준다는 것을 의미한다.

따라서 저자는 2가지 방법으로 접근해 보면 좋겠다는 생각이 들었다. 전체 시장을 다 바꾸기 어렵다면 공간에 대한 파일럿이나 프로젝트를 지자체 또는 소단위로 시도해 보는 방법이 있을 것으로 생각했다.

다양하게 시도를 하여 가장 나은 버전이나 프로젝트를 발굴해 전국의 공통 정책으로 제도화하여 활성화하자는 것이다. 방송 중에서도 <전참시>를 비롯한 여러 프로그램이 파일럿으로 대박 나서 전국에 방송되는 프로그램의 사례라고 할 수 있겠다.

또 다른 방법은 직접 경험하거나 실행해보기 전에 가상 또는 시뮬레이션으로 프로그램을 변혁하는 방법도 있을 것으로 생각한다. 얼마 전에 보니 가상 부동산이나 메타버스와 같은 3D 디지털 기술을 기반으로, 부루마블이나 모노폴리처럼 부동산 플랫폼 또는 게임으로서 다양하게 시도하면서 미래세대의 주목을 받으려 노력하는 사례가 있었다. 디지털과 새로운 시대에 맞는 변혁이 삼겹살이나 고기 판을 갈듯이 빠르고 다양하게 시도될 필요가 있다고 저자는 말하고 싶다. 그렇게 해야 미래세대로 갈수록 공간과 부동산으로 인해 겪게 되는 고통이 배가 되어 우리가 감당할 수 없는 최악의 세상이 도래하는 것을 피할 수 있을 것이다.

◆

사람이 먼저다,
사람보다 우선되는 요소들에 대한
성찰과 고뇌

그리고 바로잡기(100원 택시)

　　사람이 노력하여 만든 것이 지금의 세상과 시대인데 오히려 사
람이 소외되거나 제약받는 경우들이 많아지고 있는 상황에서, 부동
산이나 공간과 관련하여 가장 중요한 요소이자 포인트는 사람이 최우
선이고 성과나 이익은 그다음이라는 것이다.

　　사람을 이롭게 하고 사람이 더 나은 삶을 살 수 있게 만드는 것
이 바로 정책과 시스템이다. 물론 예산이나 재원에 대한 여러 고민이
나 여건도 있겠지만, 사람에게 심지어 해외까지 좋은 영향을 준 지자
체 정책이 바로 100원 택시라는 정책이다.

처음에는 긴가민가했지만, 정책 취지나 가치가 너무 좋았고 결과도 긍정적이었다. 부동산을 비롯한 공간에서도 100원 택시와 같은 사례나 정책처럼 새로운 패러다임을 만들거나 가져볼 필요가 있다는 생각이 들었다.

우리 모두에게 가장 어렵고 힘든 부분이 돈의 가치는 줄어드는데, 월급과 비교하여 급속도로 상승하는 부동산과 공간의 매매가격, 전세가, 월세라고 할 수 있다. 뭐든지 급속한 것은 반드시 탈이 나기 마련이다. 100원 택시 정책처럼, 1억 아파트, 5천만 원 전세, 20만 원 월세와 같이 실제의 수입 금액과 맞춰진 상품을 공공부문 또는 민관 합작으로 만들면 좋겠다는 생각이 들었다.

땅 재산이나 부동산에 여력이 있는 사람들을 제외하면 1억 아파트, 5천만 원 전세, 20만 원 월세와 같은 가격에도 힘들어하는 미래 세대, 독거노인, 1인 가구들도 생각 이상으로 많으므로, 최소 1인 1집 또는 1인 1주거를 기본으로 하는 정책을 만드는 방법이 필요하다.

100원 택시 정책을 보면 마음 편하고 푸근한 느낌이 드는 정책이라는 생각이 든다. 100원 택시 정책은 어르신들이 교통편을 다 같이 타고 다니면서도 부담도 없고 좋은 이동 수단으로써 그 지역의 홍보와 경제적인 시너지에도 도움이 되는 정책이다. 미국의 〈뉴욕타임스〉에서도 '신의 선물'이라고 할 정도로 극찬하는 정책이기도 하다.

한국의 의료보험이 해외에서 부러워할 정도로 긍정 요소가 많은 것처럼, 부동산을 비롯한 공간에 대한 정책에서도 이렇게 사람을 최우선으로 하는 기준에서 다시 새롭게 시작해야 한다. 부동산과 공간을 기반으로 단순히 경제적 이익만 추구하게 된 상황에서, 기성세대 부동산과 미래세대 부동산의 경제적 갭이나 차이가 너무 비현실적일 정도로, 거의 초월에 가까울 정도로 초격차가 나서 우리에게 큰 난관으로 다가오고 있다.

부동산과 공간 그리고 1인 가구에 대한 정책에서도 인간을 최우선으로 인간미 있는 제도와 시스템 그리고 용기가 필요하다고 말하고 싶다. 부동산과 공간 정책에서도, 기시미 이치로의 책 제목처럼 '미움받을 용기'가 절대적으로 필요한 시점이 바로 2022년이 아닐까 하고 필자는 말하고 싶다.

◆

주거 불균형은
기성세대를 비롯한

미래세대 모두에게
영향력을 초래한다

우리 인간은 몸에 불균형이 있을 때도 살아갈 수는 있지만, 다양한 아픔과 불편함으로 살아가면서도 오히려 고통이나 어려움을 겪는 경우가 많다. 마찬가지로 주거를 비롯해 1인 가구와 관련한 공간이나 부동산 역시 현시점에서 엄청나게 불균형해도 우리가 살아갈 수는 있다. 하지만 경제력의 차이가 개인적 차원을 넘어 사회에 복합적인 문제를 만들어온 것들을 방치한 결과가 쌓여서, 지금의 사회에서 부동산이나 공간과 관련한 문제들이 더욱 발생하고 있는 것이 지금의 현실이라 말할 수 있다.

대한민국뿐만 아니라 세계적으로 공간으로 인한 불균형은 사회에 큰 악재이자 어려움이 되고 있고, 점점 사회적인 것을 넘어 전 세계적으로 문제가 발생하는 상황이다. 지금도 이러한 어려움이 있는 상황에서 미래에는 더 큰 어려움과 도저히 해결하기 어려운 상황까지도 될 수 있으므로, 그런 상황이 오기 전에 지금부터 공간의 불균형과 불평등 해소를 위한 시도와 노력을 훨씬 더 해야 한다고 말하고 싶다.

지금처럼 인터넷과 SNS 시대로 발전하면서 좋은 점도 있지만, 반대로 목소리를 내는 국민이나 노력은 현저히 줄어드는 것이 현실이다.

●

인터넷 또는 콘텐츠에 대한 팔로우가 많지 않으면 무시되거나 수면 위로 오르지도 못하는 상황이 정말 안타깝다고 말하고 싶다. 이 말인 즉슨, 언제든지 미디어로 인해 이슈도 되지만 사라지거나 놓치는 정보나 중요한 문제들도 많다는 것을 의미한다.

하루가 다르게 급변하고 발전하는 디지털 사회에서 주거 불균형에 대해 미디어에서 목소리가 나왔지만, 그냥 "당연한 이야기지" 또는 "그런가 보다" 하고 포기하는 심정으로 받아들이는 경우가 대부분이다. 뉴스나 정치 분야 또는 엔터테인먼트 분야에만 우리의 관심이 매몰되는 사회로 점점 들어가고 있는 현실이 참 안타깝다는 생각이 들었다.

주거로 인한 여러 가지 문제들은 과거부터 쌓여서 지금까지 온 것이고, 앞으로 더욱 가파르게 커지게 되면 "에라 모르겠다"라는 상황으로 가게 될지도 모른다. 그러므로 모든 세대가 조금씩 주거에 관해 관심을 가지고, 미디어의 이슈가 되고 있는 지금이 바로 주거에 대한 기본권과 공정을 이야기해야 하는 때라고 생각한다.

2022 주거 개미와 유목 베짱이

단순히 미래세대만을 말해서는 안 된다. 기성세대 중에서도 1인 가구 인구 비중이 급증하는 상황에서 주거 불평등과 불균형은 상당히 증가하고 있다. 특히 주포자(주거를 포기하는 사람)가 MZ 세대 6명 중 1명인데, 이것은 정말 심각한 상황이라 말할 수 있겠다.

　　주거를 포기한다는 것은 떠돌이가 된다는 것이자 미래를 포기하고 현재를 즐긴다는 것인데, 동화 〈개미와 베짱이〉가 생각이 난다. 개미들은 열심히 일하면서 집을 만들고 살아가지만, 베짱이들은 노래를 부르거나 즐기더니 집 없이 떠돌다가 개미에게 어려움을 호소하고, 개미들의 은혜에 보답하고자 개미들이 일할 때 공연하면서 지낸다는 내용의 만화이다. 지금 주거와 관련한 세대들과 딱 맞아떨어지는 아이러니함을 보여주는 대목이다. 주거는 포기할 대상이 아니라 박상철의 노래처럼 '무조건' 지켜야 하는 인생 필수 조건이라고 필자는 말하고 싶다.

'주거 판갈이론'
이야기가 되는 것에서부터

우리의 미래와 변화의 시작

이번 세 번째 파트 '공간과 환경의 상관관계와 주거 판갈이론'에 대한 부분을 생각하게 된 계기는 과거 故 노회찬 의원과 함께 'tvN 토론 대첩' 프로그램에 출현한 것이었다. 당시 진중권 교수와 토론 상대하기 전 일일 멘토로 참여해서 상암동 CJ 스튜디오에서 방송을 함께 한 적이 있었다.

故 노회찬 의원 특유의 유머와 비유는 메시지를 확실히 전달하면서도, 사람들에게 토론이라고 무조건 날카롭고 싸우는 것이 아니라 인간적인 모습에서도 우리가 받아들일 수밖에 없는 메시지가 있다는 것을 알게 했다. 그런 알 수 없는 매력을 느낀 경험을 처음 해본 상황에서 일상을 지내던 어느 날 돌아가신 뉴스를 보고서 마음이 아팠는데, 故 노회찬 의원의 유튜브를 검색하여 본 살아생전의 영상 메시지에서 부동산과 공간에 대한 부분이 적용되고 시작되어야 하지 않나 하는 영감을 얻었다. 진심으로 감사하다고 전하고 싶다.

故 노회찬 의원의 어록에서 기억에 남는 것이 3가지 있다. 첫 번째로 헌법과 법률 위에 민심이 있다는 발언을 했는데, 저자는 부동산과 공간 위에 민심이 있다는 것을 말하고 싶다. 사람들이 공간이나 부동산에서 여러 가지 어려움과 한계를 느끼는 상황과 시대가 된 것은

공간과 부동산이 사람보다 훨씬 가치나 경제적 금액이 높아져서 생긴 문제라고 할 수 있다. 그것을 해결하기 위해서는 사람이 공간과 부동산보다 우선이고 가치가 높아져야 한다는 것이다.

두 번째로는 과거부터 묵혀서 오래도록 내려온 제도나 관습을 삼겹살 판으로 비유해서, "50년 동안 같은 판에서 고기를 구워 먹으면 고기가 시커메집니다. 판을 이제 갈 때가 왔다"라고 발언했는데, 필자는 60년 동안 같은 판에서 부동산과 공간을 유지해서 점점 시커메진 상황이므로, 이제는 '주거 판갈이론'을 비롯한 주거 대혁명 또는 대개혁으로 60년간 부패하고 시커먼 판을 갈 때가 왔다는 것을 말하고 싶다.

사람이 우선되는 공간과 부동산 시스템으로 바꾸기 위한 시도와 혁신이 필요한 타이밍이 바로 2022년이라는 것을 말하고 싶고, 이 절대 타이밍을 놓치게 되면 우리는 계속 공간에 대한 어려움과 고통을 안고 살아가야 한다고 말하고 싶다.

마지막으로는 "암소 갈비 뜯는 사람들 불고기 드세요, 그럼 그 옆에 사람 라면 먹을 수 있어요"라고 발언했는데, 저자는 부동산 공간으로 넘치는 경제력이나 공간에 대한 여유가 있는 사람들이 노블레스 오블리주 하면 옆에 사람 또는 주변이 공간에 대한 어려움이나 고통에서 벗어날 수 있음을 말하고 싶다. 이러한 사례나 경우가 많아질수록 사회에 대한 희망과 가치는 높아질 것으로 생각한다.

ⓒ이시유

부동산과 공간은 과거부터 지금까지 발전했지만, 여러 가지로 복잡한 어려움과 해결해야 할 과제가 더욱 늘어난 게 지금의 현실이다. 그런 현실에서 과거 새마을운동처럼, 모든 국민이 주거 판갈이론에 관심을 가지는 것에서, 우리 미래의 공간에 대한 역사와 가치가 시작될 것이다. 비록 그 시작은 미약할지 몰라도 끝에는 창대하거나 변혁을 이루는 기적의 상황이 나올 수 있을지도 모른다고 말하고 싶다. 미래 최우선 과제의 해결을 우리는 절대로 놓쳐서는 안 될 것이며, 이제는 도전과 외침이 필요한 시점이다.

우리의 운명과 미래는

수동적으로 받아들이는 것이 아니라

능동적인 행동과 외침을 통해서

새로운 역사와 기적을 만들 수 있다.

The 4th space

우바미, 우리가 바꾸는 미래
공간에 대한 바람과 메시지

새로운 시선으로 공간을 바라보고 다가오는 시간을 셈해본다.
모든 게 우리가 바꾸고 있는, 바로 지금 이 순간의 미래다.

힌트와 정답

그리고

비판과 창의 단어가 주는 차이점

시작과 변화에 대한 인식 차이

요즘 미디어와 디지털이 발전하면서 생긴 좋은 점도 많지만, 예외도 있다. 사람들은 만들어내는 것보다 비판이나 비평에 매우 익숙해졌는데, 비판이나 비평은 긍정적인 내용보다 부정적인 내용일 경우에 사람들에게 여러 가지 영향을 준다.

필자가 주거나 부동산 그리고 환경에 관심을 가지게 된 이유는 과거부터 작가로서 다양한 분야의 사람들을 인터뷰하면서 경험을 많이 들었기 때문이다. 필자는 주거나 부동산 그리고 환경에 대한 생각과 인사이트를 전하고 싶었다. 전문성 면에서 직면할지 모르는 비판 또는 비평보다는 〈열 평짜리 공간〉이 주는 메시지를 시작으로 미래의 주거 환경과 부동산 관련하여 여러 가지 생각을 많이 이야기하고, 이러한 과정과 노력을 통해 미래가 변화하는 것이 중요하다고 말하고 싶다.

우리는 수천 년 동안의 역사와 경험이 있다. 과거부터 땅과 집에 관련된 수없이 많은 사람의 시도가 있었고 전문가들의 노력이 있었기에 발전해 온 것도 있지만, 반대로 우리는 그 어느 때보다 가장 심각한 상황에 직면한 것일지도 모른다. 사람이 있어서 공간이나 부동산이 필요한데, 사람보다 오히려 수단과 도구의 가치가 더욱 높아지고, 오히려 사람들에게 미치는 피해가 과거보다 더 감당할 수 없는 상황이 되었다.

우리는 다양한 전문가와 미디어에 의존해서 상황에 적응하고 순리대로 살아왔지만, 부동산 경기나 상황은 더욱 열악해져 가고 있고, 자신이 집을 구하거나 생존해야 할 상황과 여건은 더욱 어려워지고 있다. 반면에 사회에서는 땅이나 부동산과 관련한 사건과 문제는 끊이지 않고 있으며, 땅과 부동산에서 이익과 가치를 축적하는 집단이나 사람들은 무수히 많다.

우리의 시작은 비판 또는 비평일 수 있겠으나, 다양한 관심과 참여를 통해 주거 발전과 혁신에 기여하고 우리의 생존과 성장에 한 걸음 더 다가갈 수 있기를 필자는 바라고 있다.

앞으로 점점 다양한 콘텐츠와 사회적 가치에 따른 영향력과 공감에서 대한민국은 세계 중심이 될 것이다. 넷플릭스 드라마 〈DP〉, 그리고 〈오징어 게임〉 같은 콘텐츠만 해도 전 세계적인 관심과 경제

사회적인 가치와 영향력을 만들어냈다. 이번 책 〈열 평짜리 공간〉
역시 시작은 미비할 수 있으나, 전 세계적으로 부동산을 비롯하여 1인
가구, 주거 환경이 더욱 큰 문제가 되는 상황에서 〈열 평짜리 공간〉
의 내용을 영화, 드라마, 웹툰, 다큐 등으로 재생산할 수 있다고 생각
한다. 〈열 평짜리 공간〉에서 다양한 콘텐츠가 생겨나고, 우리가 처
한 문제와 환경을 더 개선하고 발전할 수 있는 생산적인 힌트와 창의
가 생겨나기를 희망한다.

청년 그리고 노인의
희로애락 공간 이야기

미래 주거환경
혁신 대안 공론화 및 논의

　　1인 가구 주거를 비롯해 부동산, 더 확장해서는 주거 환경은 거시적이든 미시적이든 어느 측면에서 접근해도, 청년과 미래세대뿐만 아니라 모든 연령대의 비전과 미래에 영향을 미치는 가장 큰 요소이자 절대적으로 필요한 부분이다.

　　살아온 환경 또는 경제력 그리고 어떠한 상황 속에서 지내는 장소나 지역 등 모든 부분에서 같은 사람은 거의 없을 것이므로, 각자의 데이터나 이야기가 전부 다를 것이다. 그러므로 가족원의 구성원이 돼서 살고 있거나, 1인 가구가 아닌 사람들 역시 관심을 가지는 것이 좋다.

　　내 주변 또는 누군가가 1인 가구로 사는 경우가 지금도 그렇지만 시대가 발전할수록 더욱 많아질 것이기 때문이다. 특히 저출산 고령화에 따른 인구감소를 비롯해 사회적 여건이 안 되는 상황에서 생활 공간 또는 환경이 크게 위축되거나 최소한으로 살아가는 경우가 많아질 것이다.

코로나가 종식되지 않고 경제가 점점 악화하는 상황 속에서 여러 가지로 혼란스럽고 어렵지만, 요즘 가장 크게 화두가 되고 여러 가지 난제들이 발생하고 있는 것이 바로 부동산을 비롯한 1인 가구의 주거와 관련한 문제일 것이다.

모든 경제적인 기구나 기관이 점점 규제나 제약하고 있는 상황에서 앞으로 더욱더 어려운 상황이 발생하기 전에, 미래의 주거 환경에 대한 혁신 대안을 공론화하고 모든 국민이 대안을 놓고 논의해야 할 것이다. 이러한 부분이 크게 대개혁 될 필요가 있다고 말하고 싶다.

그동안 전문가를 비롯해 사회의 고위층이 생각한 대로 주거 부동산이 발전해 왔지만, 주거 및 부동산과 관련한 여러 가지 문제로 인해 앞으로 미래가 불투명하다고 생각하는 경우가 많을 것이다. 사람들은 이러한 것들에 대해 하소연 하지만, 대안과 대책을 만드는 부분에서는 적극적이지 못하다. 우리가 살아가야 하는 미래와 공간에서 생존하기 위해 해결해야 할 문제에 관한 이야기를 더욱 많이 해야 할 것이다.

과거에는 누군가에게 맡기거나 의존해왔지만, 이제는 직접 참여해서 바꾸는 경우가 더욱 많아졌다. 그 대표적인 예가 유튜브가 아닐까 싶다. 과거에 방송은 연예인을 비롯한 유명 셀럽들만 참여하는 것이었지만, 현재 그리고 미래에는 유튜브가 일반인이나 다양한 분야에서 도전하는 사람들에게 더 많은 기회를 줄 것이다. 이러한 플랫폼 또는 미디어들이 무수히 많이 생길 것이다.

부동산 또는 1인 가구에 대한 부분 역시 마찬가지다. 지금은 정해진 부분에 익숙해져서 살아야 하는 경우가 있지만, 역사나 상황을 바꾸거나 이겨낸 것은 더 많은 목소리와 이야기 그리고 도전이 있었기에 가능했다. 대한민국의 약 60년 가까운 역사 동안 실거주 공간에 대한 제도나 상황은 국민이 살기 좋은 경우보다 불편한 경우가 훨씬 많았다. 그러므로 이 책을 읽는 독자라면 관심을 가져보면 좋겠다고 이야기하고 싶다.

저자는 앞으로 4부의 제목대로 '우바미-우리가 바꾸는 미래'라는 키워드로 개인 방송을 비롯해 다양한 분야와 주제로 활동할 예정이다. 독자 여러분들의 많은 관심과 참여 부탁드리고 싶다. 성장과 발전은 그냥 만들어지는 것이 아니라 함께하는 것에서부터 역사와 새로운 시작을 하는 것이다.

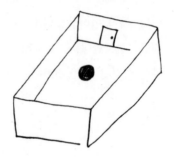

성장 또는 성공한 사람들에게
넓은 공간 비례 법칙

공간의 절대 필요성

앞에서 기성세대와 금수저들의 공간 비례 법칙 그리고 청년 또는 미래세대와 흙수저들의 공간 반비례 법칙 등 공간에 대한 여러 가지 관점과 생각을 담았다. 그것은 공간에 대한 상대적 관점이었다면 여기에서는 공간에 대한 절대적 관점을 말하고 싶다. 관점을 달리하여 성공한 사람들에게는 넓은 공간 비례 법칙이 있다.

어떤 평가나 시험에서 상대 평가 또는 절대 평가처럼 상대적인 경우와 절대적인 경우가 다르다고 생각해서, 공간의 절대 필요성을 이야기해 보려 한다. 상대성과 절대성을 이야기하는 이유는 관점과 기준의 차이가 얼마만큼 큰 영향을 주는지 말해주고 싶어서이다. 수능 또는 내신도 방식과 기준의 차이에 따라 대학 진학에 영향을 미치듯이, 부동산 또는 주거 역시 상대성과 절대성에 따른 평가 또는 가치의 차이가 지금의 부동산 실정과 상황을 만든 것일지도 모른다는 생각이 들었다.

또한 다양한 사람들을 인터뷰하고 다양한 공간에 가보면서, 사회적으로 성공했거나 경제적으로 여유가 있는 사람들이 공간의 절대 필요성에 대해 누구보다 관심이 크다는 생각이 들었다. 경제적으로 여유가 있거나 사회적 활동이 많은 사람일수록 다양한 정보와 경제적인 이야기가 상대적으로 많다. 우리는 경제적인 자본에 따른 격차도 있지만, 사회에서 정보나 시스템에 대한 데이터를 얻는 방식에서도 차이가 상당히 나는 상황에서 인생을 살아간다. 인생을 살아가는 데 필요한 모든 요소, 즉 재화와 서비스의 양극화가 심해진다고 생각한다.

경제적 여유 또는 자유를 경험한 사람은 공간을 상대적으로 더 많이 경험했고 무의식적으로 공간을 단순히 지내는 곳 이상으로 생각했다. 경제력처럼 공간을 자본주의 국가에서 살아가는 데 필요한 요소로 표현하는 경우가 많았다.

미래세대들은 직장이라는 공간 안에서만, 어찌 보면 그 이상으로 성장하기 힘든 구조와 시스템 안에서만 개인의 가치를 만들어서 미래 인생을 대비해야 하는 상황까지 오게 되었다. 시대는 발전하고 역사는 계속 나아가고 있는 상황에서 경제적인 발전은 있었지만, 공간은 점점 좁아졌고 공간의 경제 가치는 사람을 초월하였으며 공간의 불균형과 대물림으로 공간 소유는 우리와 점점 멀어졌다. 공간의 절대성에서 포인트는 한정적이고 제약된 정해진 공간이다.

과거의 영화 중에 생각나는 것이 〈반지의 제왕〉이라는 영화인데, 절대 반지를 향한 수많은 사람 또는 종족들의 희로애락과 싸움을 그린 영화였다. 그 영화를 패러디하면, 대한민국을 비롯해 전 세계에서는 앞으로 공간의 제왕 즉, 절대 공간을 향한 많은 사람의 희로애락과 아픔이 그려지게 될 것이다. 우리는 공간의 제왕과 같은 웃픈 이야기가 한국에서는 다른 나라보다 덜 그려졌으면 한다. 미래의 생존 또는 성장을 위해서는 공간의 절대성에 관심을 가지고 단순히 부동산으로만 접근하는 것이 아니라 1인 가구 또는 주거 환경으로 접근해야 한다.

◤

주거 공간에 대한 문제뿐만 아니라
건물 임대(개인사업자, 법인, 소상공인, 자영업자 등)에 대한
관심과 해결로도 이어진다

공간 혁명과 혁신에 대한
당위성과 영향력

공간 또는 1인 가구와 관련한 사회 이슈는 단순히 개인의 생존이나 주거만을 위한 것이 아니라 건물 임대(개인사업자, 법인, 소상공인, 자영업자 등)와 관련되므로, 접근 방식과 상황은 다를지라도 공간으로 인해 겪는 고통과 고민이라는 공통점은 정말 크다고 할 수 있다.

개인의 주거 이외에 다양한 경제적 활동이나 사업을 해야 하는 사람들 또한 국민으로서 힘들어하는 문제가 건물 임대료일 것이다. 특히 코로나19 상황에서 경제적 소득이나 여러 가지 재원 마련에 제약받아 어려운 상황에서, 사무실 또는 영업장의 고정 월세 지출이 대단히 어려워서 다들 힘들어하거나 유지하지 못하고 포기하는 경우가 많았다.

필자는 고향이 부산이라 서울과 부산을 다녀보면, 과거부터 알거나 이용했던 가게나 사무실이 코로나19 이후 사라지고, 임대문의 현수막이나 포스터를 붙여둔 빈 공간이 많아진 것을 보게 되었다. 부동산 또는 공간과 관련해서 질병이 큰 영향을 끼치는 상황이라면, 코로나19보다 더한 질병 또는 불합리한 상황이 발생한다면 다들 생존

하거나 유지하는 게 쉽지 않겠다는 생각이 들었다.

공간에 대한 고민은 사람들 누구에게나 해당한다. 심지어 건물이나 땅을 소유한 사람들도 금융 등 여러 가지 고민을 하고 있으므로 공간에 대해 고민하는 사람에 해당한다고 생각된다. 이렇게 경제적 공간적으로 어려운 상황을 타개하기 위해서는 개인만이 아니라 전 국민이 공간 혁명과 혁신에 대해 목소리를 내고, 정부와 지자체가 땅과 관련한 여러 가지 변혁을 시도해야 한다고 생각한다.

부동산 또는 공간을 기반으로 사회적인 범죄가 빈번하게 일어나는 이유도 공간과 부동산에 대한 문제가 심각하다는 것을 입증한다. 그것은 코로나19가 지나고 나면 부동산과 공간에 대한 문제가 다시 괜찮아지거나 좋아질 것이라고 말하는 이야기에 반대되는 증거라고 할 것이다.

지금 전 세계적으로 코로나19로 인해 여러 가지 산업과 사람들의 라이프 스타일이 전환하고 있는 때 그리고 몇 년 이내에, 우리가 공간 대개혁 또는 혁신을 이루지 못하면 더 큰 고통과 어려움에 봉착할 것이다. 그러므로 1인 가구의 주거 환경뿐만 아니라 건물 임대(개인 사업자, 법인, 소상공인, 자영업자 등)에 대해서도 관심을 가지고 해결을 위해 우리 모두가 노력해야 할 필요가 있다고 생각한다.

공간임대료와 개인이 사는 월세는 금액을 비롯하여 제도나 시스템에서 여러 가지 차이가 있지만, 임대 또는 렌트라는 방식에서는 주거와 사업 임대에 공통점이 있다. 따라서 같은 선상에서 이야기하고 관심을 가지고 개선하려 노력해야 한다고 생각한다. 함께 노력하면 할수록 우리에게 미래는 희망으로 한 걸음씩 다가올 것이다. 우리가 집 공간뿐만 아니라 다양한 공간에 대해서도 혁명과 대개혁을 위한 목소리를 내고 도전하는데 이 책이 작으나마 도움이 되었으면 하는 바람과 소망을 가져본다.

전 세계적으로
무한한 디지털
3차원 공간에 대한 가능성

매트릭스, 메타버스

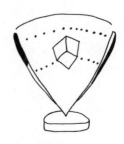

　　MZ 세대의 시대 즉, 밀레니엄 2000년 전과 후는 많이 달라진 시대 또는 상황이라 할 수 있다. 우리는 주로 오프라인에서 공간과 가치만 생각해왔는데, 어떻게 보면 대한민국만큼 디지털 공간 또는 인터넷 속도가 최적화된 나라는 없을 것이다. 과거에 미국에 갔을 때 미국이라는 나라가 워낙 크다 보니 인터넷 속도나 활용이 대한민국보다 제약되고 한계가 있다는 것이 가장 큰 애로사항이었다.

　　대한민국에 사는 우리가 생각하는 속도는 상상을 초월한다. 해외에서 인터넷을 이용하다가 한국에 오면 엄청 빠르고, 반대로 한국에서 인터넷이나 디지털에 익숙한 상황에서 해외에 가면 충격을 받는 경우가 많다. 대한민국처럼 인터넷이나 디지털에 최적화된 세계의 중심국가에서, 우리는 디지털 공간에 관심을 가지고 경제 가치를 만들기 위해 더욱 노력해야 한다. 그래야만 코로나 펜데믹보다 더한 상황

속에서도 경제적 어려움이나 제약적인 세상에 대비하며 성장할 수 있다고 할 수 있다.

가상 공간 또는 가상의 레퍼런스를 기반으로 새로운 창의적 생산을 하려 한 것이 우리가 알고 있는 영화 〈매트릭스〉 그리고 AR 증강현실, QR코드라고 할 수 있다. 〈매트릭스〉라는 영화 보면서 그저 액션이 화려하고 멋있는 영화라고 생각할지 모르겠지만, 필자는 현실과 가상 3차원을 기반한 다른 환경에서도 다양한 시도와 행동이 가치와 운명을 바꾼다는 것이 이 영화의 포인트라고 생각한다.

2022년에도 새로운 매트릭스 영화가 개봉하는 상황에서, 우리는 디지털 가상공간에 새로운 가치와 의미를 부여하고 더욱더 관심을 가져야 한다고 필자는 말하고 싶다. 특히 AR 증강현실이 등장한 초기에 필자는 그것에 관해 책에서 썼으나 무시를 당해 애로사항이 있었다. 하지만 세계 최초로 증강현실을 인터뷰한 책 또는 디지로그 (디지털+아날로그)에 관한 책의 가치가 상승하면서 포켓몬고 이후 역주행하여 베스트 셀러가 되었고, 해외의 언론에도 소개되었다. 지금 우리는 모르는 사이에 증강현실과 관련한 QR코드에 익숙해져 있다. 코로나19 방문 기록처럼 우리는 매일 디지털 공간을 이용하고 있다.

라이브 공간를 2차원 넘어 3차원 디지털 속으로

주게
매트릭스

코로나19로 인해 전 세계에서 오프라인에 제약이나 한계가 있지만, 온라인과 비대면이 월등히 증가하여 우리 생활에 더욱 크게 작용하고 있는 것이 현실이다. 앞으로 미래에는 코로나19보다 더 위험한 질병이 발생할 수 있으므로, 디지털 공간에 대한 수요와 가치는 더욱 크다고 할 수 있다. 가상 부동산을 비롯해 메타버스와 같은 디지털 공간을 기반으로 가치를 창출하는 등 우리 미래 사회에는 새로운 부와 기회가 의외로 많을 수 있다. 그러므로 지금 미래세대들이 오프라인에서는 제약이 많지만, 디지털 공간에서는 가치를 창출하는 등 생존을 위한 해법에서 오히려 역전의 기회가 있을 것으로 확신한다.

과거에 우리는 정말 말도 안 되는 그래픽과 성능으로 게임을 처음 시작했지만, 이제는 스타크래프트를 비롯한 LOL 같은 게임과 모바일 게임으로 디지털 분야에서 경제 가치의 창출을 많이 했다. 앞으로는 디지털 공간과 서비스를 기반으로 하는 경제와 가치 창출이 더 다양해질 것이므로, 대한민국은 세계의 디지털 중심국가로서 부를 창출하고 우리는 더 나은 삶을 살 수 있다고 말할 수 있다.

청년 그리고 미래세대를 위한
넓은 공간 필요성과 대안

빈 건물과
빈 집에 대한 관심

누구나 살면서 주거로 인한 어려움이나 빈곤을 겪지 않는 사람은 거의 없다고 생각한다. 시대나 문명이 발전하고 성장하는 만큼, 우리는 더 넓은 공간에서 더욱 성장과 발전해야 할 필요가 있다. '큰물에서 놀아라!'라는 말처럼 물고기도 큰물에서 놀아야 더 다양한 바다와 세상을 경험하고 행복하게 지내듯이, 인간 역시 더 크고 좋은 공간에서 살거나 경험해야 그런 공간에 근접한 곳에서 삶을 살거나 그런 공간을 찾게 되는 것이다.

점점 공간에 대해 어려워지는 상황을 해결할 수 있는 다양한 아이디어나 힌트 중에, 빈집 또는 빈 건물들에 대한 접근이나 관점도 필요하다는 생각이 들었다. 생각 이상으로 빈 공간이 지금도 많이 늘어났지만 앞으로 더욱 많아질 것으로 예상한다.

대한민국 바로 옆 일본만 해도 경제 대국으로 아시아에서 강대했지만, 고령화를 비롯해 경제적 위기들이 속출하면서 공실은 기본이고 더 심한 경우 공짜 집 같은 경우도 생겨나고 있다. 한국과 일본은 다른 나라이고 문화와 스타일이 달라 다른 결과가 있을 것이라고 하지만, 경제적 어려움이나 사회적 문제는 스타일이 조금 다를 뿐 유사한 맥락에서 생기는 경우가 생각보다 많았다.

특히 일본의 경우, 지방 시골에서 빈집 그리고 월세 1,000원 또는 공짜 집까지 나오는 상황이다. 대한민국 역시 지방의 젊은 인구가 수도권에 밀집되고 비수도권에서는 인구가 감소하여 집에 대한 수요가 점점 줄어들고 있다는 점에서 일본과 비슷한 상황이라고 할 수 있다.

코로나19로 인해 자영업자들이나 소상공인들이 사업이 어려워지거나 힘든 상황 속 폐업하는 경우가 급증하면서, 임대 문의를 홍보하는 경우가 늘고 있다. 앞으로 더 다양한 요인으로 임대 건물이나 임대주택에 공실이 생기거나 집을 소유한 사람들에게 금융적인 어려움이나 다양한 변수들이 생겨나면서 공실이 많아질 것이다.

지금도 아파트처럼 관심이나 수요가 높은 곳에서는 품귀현상이 일어나는 반면에, 아직도 계약 진행이 안 된 임대주택 등 빈 주거 공간이 생각보다 많을 것이다. 그러므로 빈 주거 공간들을 최대한으로 활용하는 촉매제 같은 제도나 요소를 만들어 빈 주거 공간에 대한 유동성과 금융이 활성화될 수 있도록 노력해야 할 것이다.

코로나19로 인해 재택근무에 대한 수요나 관심도 생기는 상황에서 앞으로 집과 사무실을 분리하는 경우도 있지만, 하나로 합쳐진 오피스텔처럼 사무실 공간을 집으로 사용할 수 있는 부분도 필요하다는 생각도 들었다. 두 공간에 드는 비용을 하나로 줄이는 효과도 있고, 기존 집보다 조금 효율적으로 좋은 공간을 활용하는 측면에서도 충분히 가능하다는 생각이 들었고, 셰어하우스나 여러 공간을 다양하게 활용한다는 면에서도 시도해 볼 필요가 있다고 이야기하고 싶다.

우리는 공간의 분리된 역할만을 생각할 게 아니라 기존과 다른 주거 형태 또는 사무실 형태를 활성화하여 과거보다 나은 공간에서 낮은 가격으로 지낼 수 있는 연구가 필요하다.

기성세대들의
청년과 미래세대에 대한
후견과 독지 혜택

경제력에 의한 공간 한계 극복

청년들을 비롯해 미래세대들이 가장 힘들어하는 것은 바로 성장하는데 필요한 원동력이나 성장에 필요한 자본이나 네트워크 등이다. 사회에서 청년으로 생존하여 성장하는 구조나 상황이 현실적으로 불가능하므로, '영끌'처럼 금융자본에 집중하게 되는 요인이 되지 않을까 하는 생각을 해본다.

미국이나 일본을 비롯한 선진국들의 경우 노블레스 오블리주 또는 사회적 기부나 미래세대에 대한 후견 또는 독지가 활성화되어 있고, 특히 미래 가능성이 큰 인재를 위한 지원과 노력이 적극적이지만, 대한민국의 경우는 학연, 지연 인맥 기반이 유달리 심한 국가여서 미래세대들의 생존과 성장이 걱정되는 안타까운 현실이라 할 수 있겠다.

미래세대보다는 기성세대들의 사회적 활동이나 경제적 여력이 상대적으로 매우 높다. 청년들이나 미래세대들이 어려워하는 공간을 후견하거나 독지하는 사람들에게 세제 혜택이나 사회적인 보상을 하여 미래세대와의 연결고리를 서포트하는 것이 절실하다고 할 수 있겠다.

청년을 비롯한 미래세대들이 스스로 집을 소유할 가능성이 거의 불가능에 가깝게 된 현실을 타개할 수 있는 유일한 방법은 기존의 재원과 에너지를 보다 활성화해서 집을 구할 수 있는 상황으로 나아가게 하는 것이다. 그런 경우가 많아진다면, 대한민국의 미래는 보다 빛날 수 있다고 말할 수 있다.

특히 집을 비롯해 상가 또는 건물 등 청년과 미래세대들이 주거나 사무실로 이용할 수 있는 공간의 비용이 줄어들어도 여건이 조금은 좋아질 수 있을 것으로 생각한다.

앞에서 이야기한 대로 기성세대가 청년 또는 미래세대에게 후견과 독지를 위해 공간을 지원 또는 서포트한다면, 정부 또는 지자체에서 기부금 처리나 세제 혜택을 통해 지원한 사람들에게 도움이 될 수 있는 제도가 필요하다고 생각한다.

사람은 죽게 되면 모든 돈과 물건을 비롯한 물질적인 것들을 가져갈 수 없다. 하지만 영적인 것이나 그 사람의 이름 또는 업적이 있다면 미래세대들에게 존경받으며 영적인 가치와 삶은 영원히 함께할 수 있으니, 기성세대들이 미래가치에 함께한다면 기성세대들의 노력과 가치는 더욱 빛날 것으로 생각한다.

더는 경제적인 어려움이나 문제로 청년 또는 미래세대들의 주거권이 침해되어서는 안 된다. 개인의 행복과 진정한 삶을 누릴 수 없는 사회가 되어버린 대한민국은 이제 바뀌어야 한다고 말하고 싶다. 대한민국은 선진국의 레벨로 올랐으니, 국민들이 주거를 비롯해 수많은 문제와 어려움을 해결해서 외적인 것뿐만 아니라 내적인 부분 역시 선진국에 따르는 대한민국이 될 수 있도록 다 같이 노력해야 한다.

주거에 보험을 더하다
주거보험의 필요성과 시작 그리고 비전

　　이번 책 〈열 평짜리 공간〉을 준비하면서 김진이 님, 오병호 님과 함께 깐부청년팀을 구성하여 '2021 서울 청년 정책 대토론'에 참가했다. 필자가 주거보험에 대한 아이디어와 내용을 창안·기획하고 팀원들이 함께 정책제안서와 발표 자료를 만들었는데, 깐부청년팀이 제안한 주거 정책은 서울연구원 우수 정책으로 선정되었고, 연구 보고서에도 깐부청년팀의 주거보험 내용이 수록되었다. 김진이 님과 오병호 님이 팀원으로 함께해서 더욱 소중한 경험과 추억이 된 것에 진심으로 감사한다.

　　주거보험은 단순하고 쉽게 말해 의료보험과 같은 것인데, 기존 주거 정책의 한계와 여러 가지 어려움을 넘어서려는 것이다. 세계적인 선진국들도 주거에 어려움이 있지만, 특히 대한민국의 주거가 이제 매우 위험한 상태여서 이러한 아이디어를 낼 수 있었다. 대한민국이 주거보험을 세계 최초로 구축, 활용하여 해외에 도움을 주고 발전할 수 있다고 생각한다.

　　그래서 이번 책 〈열 평짜리 공간〉에서 주거보험에 대한 비전과 내용이 중요하다고 할 수 있다. 주거보험을 통해 주거에 어려움을 겪는 수많은 사람에게 조금이라도 도움이 되면 좋겠다. 다음의 내용은 '2021 서울 청년 정책 대토론'에서 깐부청년팀이 직접 작업하고 발표했던 정책제안서 내용이다.

서울시 청년주거증진 주거보험

◆ 청년 주거보험 정책 실행 및 인프라 구축을 위한 '주거보험팀' 신설
◆ 주거보험을 통해 청년 전·월세 문제 해결 및 청년 주거 관리 체계 확립
◆ 청년 주거 바우처를 통해 청년 주거 비용 및 리스크 관리 체계 확립
◆ 주거보험을 기반한 청년 주거권 확보 및 주거 양극화 문제 해결

I 추진배경 및 근거

☐ 추진근거

○ 서울특별시 청년 기본 조례 제 13조 2항, 3항 (청년의 주거안정 등)
○ 서울특별시 청년주거 기본 조례 제 5조 (청년주거기본계획 수립)
○ 서울특별시 주거 기본 조례 제 2조 (주거권)

☐ 추진배경(현황 및 문제점)

○ 2020년 국토교통부에서 실시한 주거실태조사 내용에 따르면, 일반가구
의 63.9%는 임대료 및 대출금 상환이 부담된다고 응답하였으며, 수도권
거주 가구 중 임대료 및 대출금 상환이 부담된다고 느끼는 비율은
66.5%로 수도권 이외 지역에 거주하는 가구의 60.9%보다 높게 나타났
음. (수도권 지역에 거주하는 가구의 22.8%가 임대료 및 대출금 상환이
매우 부담된다고 답하였으며, 전년 대비 2.6%p 증가한 수치이며, 특히
청년가구, 신혼부부는 임대료 및 대출금 상환에 부담을 느끼는 비율이 각
각 74.8%, 76.3%로 일반가구에 비해 부담을 많이 느끼고 있었음)

○ 2020년 주거실태조사 주거지원 프로그램의 필요성 내용에 따르면, 청년가구의 56.8%, 신혼부부의 53.6%가 정부의 주거지원 프로그램이 필요하다고 응답하여 다른 특성가구에 비해 정책욕구가 크게 나타났으며, 특히 수도권 지역의 청년가구와 신혼부부 정책 필요성 응답이 각각 68.8%, 64.8%로 매우 높음

○ 2020년 통계청 인구주택총조사에 따르면, 2005년 이전 가장 주된 유형의 가구는 4인가구였으나, 2010년에는 2인가구, 2015년 이후로는 1인가구가 주된 가구이며, 1인가구 비율 서울 1인가구 비율은 1990년 16.3%에서 2020년 34.9%로 지속적으로 증가함

○ 토지주택연구원이 올해 9월 수도권 2,000가구를 대상으로 실시한 '코로나 인한 주거여건 변화 실태조사 결과에 따르면 스스로 저소득층이라고 인식한 응답자 비중은 22.1%로, 코로나19 이전(16.5%)에 비해 증가했다. 집에 대해 '안정하다'는 응답자 40.7%, '불안정하다'는 비중은 59.3%로 주거상황에 대해 불안감을 느끼는 응답자가 많았으며, 10가구 중 6가구는 주거 상황에 불안함을 느끼고 있으며, 조사 응답자 70% 이상이 앞으로 집값과 전세값이 더 오를 것이라고 인식함

○ 21.11.17일 방영된 KBS 1TV 뉴스광장 생활경제 소식에서, 서울 떠나는 20·30세대라는 키워드의 내용으로 2015년부터 지난 6년간 탈서울(서울을 탈출하는 사람 지칭함) 약 341만명이 서울을 탈출했고, 특히 20대와 30대가 가장 많이 서울을 등졌으며, 341만명 가운데 무려 46% 절반 가까이 차지했음(벗어난 가장 큰 이유는 집값과 전세값에 대한 부담 때문)

- 2 -

Ⅱ 추진 방향(목표)

☐ 청년의 주거권을 보장하고, 이를 위한 전담 조직을 서울시에 설치하여 청년 주거보험 정책 집행 및 인프라 구축

☐ 청년 주거 비용 및 리스크 관리에 초점을 두고 주거에 대한 부담과 어려움 해소를 위한 청년 주거 바우처와 주거보험, 주거연금 기반 조성

☐ 청년 주거(1인가구)의 체계적 관리 및 조기 개입이 매우 중요하다는 점을 감안할 때, 이에 대한 사회적 공감대 확산을 위한 인식개선 사업 추진

Ⅲ 제안 정책과제

1) 서울 청년 주거보험

☐ 청년 주거보험의 정의

○ 시대 상황과 발전에 의해 감당하기 어려운 수준의 주거비로 가계에 과도한 부담이 되는 것을 방지하기 위하여, 국민들이 내는 보증금과 월세에 대한 부분에서 보증금에 대한 지원 또는 보증을 통해 높은 보증금을 기반하여 낮아지는 월세에 대한 일정 비용을 보험료로 내고 보험자는 서울시를 비롯한 주거 관련 기관에서 이를 관리·운영하다가 필요시 주거연금을 제공함으로써 국민 상호간 위험을 분담하고 필요한 주거서비스를 받을 수 있도록 하는 보험제도다.

우리의, 우리가 바꾸는 미래
공간에 대한 바람과 메시지

□ 주거보험 관련 서비스 범위 또는 형태
 ○ 주거보험은 가입자 및 피부양자의 주거에 대한 어려움을 대처하기 위한
   대한 전세, 월세, 보증금, 리모델링, 바우처, 이사 및 주거증진에 대하여
   법령이 정하는 바에 따라 현물 또는 현금의 급여나 연금 형태로 서비스를
   제공

□ 주거보험의 핵심가치(기대효과)
 ○ 주거보험을 통해서 국민에게 주거 희망과 미래를 제공하고 행복한 삶 영위
 ○ 주거 관련 이해관계자에 대한 소통과 화합을 통해 주거보험 체계 구축과 도약
 ○ 주거에 대한 기존 제도와 틀을 벗어나 변화와 혁신 기반 미래가치 창출

□ 주거보험의 장점(기대효과)
 ○ 복잡하고 어려운 주거 정책과 시스템의 단순화
 ○ 접근하기 어렵고 까다로운 주거 정책의 편리성
 ○ 주거보험 기반 다양한 주거 정책과 변수에 대응 가능
 ○ 청년 자주적인 주거 빅데이터 기반으로 항시 업데이트 가능
 ○ 청년 주거 문제에 대한 키워드와 브랜드 이슈 단일화
 ○ 청년 주거 플래너 및 주거보험 담당 일자리 창출 및 경제 효과
 ○ 임차인 세입자(보험료 기반 전월세보증금 및 낮아지는 월세)에게
   기존 내던 월세는 낮추고 연금까지 받을 수 있는 메리트가 있음
 ○ 임대인 집주인(보증금과 청년 주거 위한 노력 기여에 대한 세제혜택)
   에게도 메리트가 있음
 ○ 서울을 기점으로 타 지자체 벤처마킹 및 중앙정부 의료보험 비롯한 4대보
   험과 같이 주거보험이 국가의 사회보장제도 비전 및 정책 제시
 ○ 주거보험 기반 운영 및 관리로 주거권 보장과 주거에 대한 불안감 해소
   가능

- 4 -

☐ 청년 주거보험 시스템

○ 청년 주거보험 세부 개요

구분	선택 1 (월세)	선택 2 (전세)
대상	주거로 어려움을 겪고 있는 청년 ▷ 거주지 기준 : 서울시 ▷ 연령기준 : 만 19~39세 ▷ 소득기준 : 無	주거로 어려움을 겪고 있는 청년 ▷ 거주지 기준 : 서울시 ▷ 연령기준 : 만 19~39세 ▷ 소득기준 : 중위소득 150% 미만
내용	- 월세 보증금 보증보험 : 월세에 있어서 보증금에 따라 월세 금액이 다양하게 되기 때문에 지역 상관없이, 최대 1억 이내에서 보증금 지원되는 금액에 맞게 월세 조정 및 주거보험 진행	- 전세 보증금 보증보험 : 전세에 해당하는 필요 보증 금액과 소득 기반 차등 적용, 최대 3억 이내에서 반전세 또는 풀전세 조건에 따라 조정 및 주거보험 진행(청년 신혼부부 3억까지)
적용	- 월세 경우 보증금 최대 1억, 1억 이내에서 월세 산정 및 일정 보험료 산정 이후 계약	- 전세 경우 보증금 최대 3억, 3억 이내 전세 조건은 급여에 따라 조정, 전세 조건과 가격 최종 조율 이후 보험료 산정 이후 계약

* 의료보험을 비롯한 한국 사회보장제도 활성화를 근거로 보험 증가 및 확대 예상 : 1963년부터 시작된 산업재해보상보험을 시작으로 국민건강보험, 국민연금, 고용보험, 노인장기요양보험 등 10년 단위 시대별 새로운 사회보장이 필요에 따른 주거보험의 필요성과 역할

제공 주기 및 담당 역할	▷ 제공 주기 및 기간 : 최소 1년 ~ 최대 10년까지 　　　　　　　　　　　(계약에 따라 재갱신 가능) ▷ 담당 역할 : 주거 보험 이용자에 대한 주거보험팀 소속 담당자 배정

□ **주거보험 서울 기존정책과 정책비교 및 이점(서울 청년월세 지원)**

구분	기존정책(서울 청년월세 지원)	주거보험(월세 보증금 보증보험)
대상	주거로 어려움을 겪고 있는 청년 ▷ 거주지 기준 : 서울시 ▷ 연령기준 : 만 19~39세 ▷ 소득기준 : 기준중위소득 150% 　　　　　　 이하 구간별 선정 ▷ 기타요건 : 임차보증금 5천만원 이하 및 월세 60만원이하 건물에 월세로 거주하는 무주택자 임차보증금, 월세 및 소득 기준 4개 구간으로 나누고 선정인원 초과시 구간별 전산 무작위 추첨/22,000명	주거로 어려움을 겪고 있는 청년 ▷ 거주지 기준 : 서울시 ▷ 연령기준 : 만 19~39세 ▷ 소득기준 : 無 그 외 조건 없음
내용	월 20만원 월세 지원! (최대 10개월 / 200만원) 생애 1회 ※ 20만원 미만 월세 계약은 실제 월세금액까지만 지원	- 월세 보증금 보증보험 : 월세에 있어서 보증금에 따라 월세 금액이 다양하게 되기 때문에 지역 상관없이, 최대 1억 이내에서 보증금 지원되는 금액에 맞게 월세 조정 및 주거보험 진행 - 월세 계약 이후 재갱신 또는 해지 시 주거연금으로 납부한 만큼 기간의 연금 지원
제공 주기 및 기간	생애최초 1회 최대 10개월	최소 1년 ~ 최대 10년까지 (계약에 따라 재갱신 가능)

* 서울 청년월세 지원은 청년이면 누구나가 아닌 소득, 보증금, 월세 모든 기준과 인원이 제한적인 반면, 주거보험은 지원이 아닌 보증과 보험 형태로 가입하는 서울시 청년이면 누구나 언제든지 가능하며, 내용과 제공주기 및 기간 역시 월 20만원 최대 10개월에 생애 1회인 반면 주거보험은 월세 계약에 따른 보증금 최대 1억 이내 월세 조정된 금액에서 기간 역시 최소 1년 ~ 최대 10년까지 더욱 자유롭고 메리트가 있다.

- 6 -

□ 주거보험 서울 기존정책과 정책비교 및 이점(청년 임차보증금 융자지원)

구분	기존정책(청년 임차보증금 융자지원)	주거보험(월세 보증금 보증보험)
대상	▷ 거주지 기준 : 서울시 ▷ 연령기준 : 만 19~39세 ▷ 소득기준 : 연 4,000만원 이하 무주택세대주 ▷ 기타요건 : ※ 기혼자의 경우 부부합산 연소득 5천만원 이하인, 본인 및 배우자 무주택자여야 함 ※ 단, 주거급여대상자와 서울시 역세권청년주택 임차보증금 무이자지원 신청자(또는 신청예정자)는 신청 불가 1) 근로청년 : 현재 근로 중인 자 2) 취업준비생 등 : 현재 근로중이 아니면서, ① 과거 근로기간의 총합이 1년(365일) 이상 있거나, ② 부모 연소득이 7천만원 이하인 자	주거로 어려움을 겪고 있는 청년 ▷ 거주지 기준 : 서울시 ▷ 연령기준 : 만 19~39세 ▷ 소득기준 : 無 그 외 조건 없음
내용	목돈 마련이 어려운 대학(원)생, 취업준비생, 사회초년생의 소득대비 높은 주거비용 부담경감을 위해 임대보증금 대출 지원 융자취급은행 : 하나은행 - 융자최대한도 : 최대 7,000만원(임차보증금의 90% 이내) - 서울시 지원 금리 : 대출금의 연 2.0% ※ 본인부담금리 : 대출금리 - 서울시지원금리(단, 본인 최저부담 연 1.0%) 지원한도는 21년 상반기 기준	- 월세 보증금 보증보험 : 월세에 있어서 보증금에 따라 월세 금액이 다양하게 되기 때문에 지역 상관없이, 최대 1억 이내에서 보증금 지원되는 금액에 맞게 월세 조정 및 주거보험 진행 - 월세 계약 이후 재갱신 또는 해지 시 주거연금으로 납부한 만큼 기간의 연금 지원
제공주기	만 39세까지 대출 및 이자지원 (※ 만 40세가 되는 날부터 이자지원이 중단됨)	최소 1년 ~ 최대 10년까지 (계약에 따라 재갱신 가능)

우리의, 우리가 바꾸는 미래 공간에 대한 바람과 메시지

및 기간	주택임대차 계약기간에 따라 회당 6개월~2년 ※ 대출일 기준 신청자가 만 39 세인 기간이 6개월 이상 남아있어 야 잔여기간을 임대차 계약 및 대 출기간으로 하여 대출실행과 서울 시 이자지원이 가능함 회수 제한 없이 대출기간 합산 최 대 8년까지 추가연장 가능	

* 청년 임차보증금 융자지원은 청년 누구나가 아닌 조건이나 서류가 정말 까다롭고,
하나은행과 대출이기 때문에 융자최대한도 7,000만원(임차보증금 90% 이내) 즉, 나
머지 금액은 충당해야 집에 대한 보증금이 가능하기 때문에 접근성과 편리성을 찾아보
기 힘든 반면 주거보험은 지원이 아닌 보증과 보험 형태로 가입하는 서울시 청년이면
누구나 언제든지 가능하며 주거보험 납부 금액을 산정하고 납부시 대출이 아닌 보험으
로 최대 1억 보증금(임차보증금 100%)까지 가능하며, 내용과 제공주기 및 기간 역시
최대 8년까지 추가 연장 가능한 반면 주거보험은 최소 1년 ~ 최대 10년(재갱신)까
지 대출보다 주거 보험 성격이 오히려 청년들에게 더욱 메리트가 있다.

□ 주거보험 서울 기존정책과 정책비교 및 이점
   (신혼부부 임차보증금 이자지원사업)

구분	기존정책(대학생 및 주택공급)	주거보험 (월세 또는 전세 보증금 보증보험)
대상	- 서울시민이거나 대출 후 1개월 이내 서울로 전입 예정인 자 - 혼인신고일 기준 7년 이내 신혼부부 혹은 서울시 추천서 신청일로부터 6개월 이내 결혼식 예정인 예비신혼부부 - 부부합산 연소득 9천 7백만원 이하인 자 - 본인 및 배우자 무주택자 - 아래 대상주택에 해당하는 주택의 임대차계약을 체결한 자 - 서울시 관내의 임차보증금 5억원 이하의 주택 혹은 주거용 오피스텔 * 다중주택은 협약기관 규정에 따라 대출취급이 어려움 * 건축물 대장상 불법건축물이거나 근린생활시설 등 주택이 아닌 곳은 지원 불가 * 공공주택특별법에 따른 공공주택사업자(국가, 지방자치단체, 한국토지주택공사(LH), 서울주택도시공사(SH), 서울리츠(REITs 등)가 공급 및 지원하는 공공주택은 지원 불가	주거로 어려움을 겪고 있는 청년 ▷ 거주지 기준 : 서울시 ▷ 연령기준 : 만 19~39세 ▷ 소득기준 : 중위소득 150% 미만
내용	사업명 : 신혼부부 임차보증금 이자지원사업 융자지원조건 : 융자취급은행 : 하나은행, 신한은행, 국민은행	- 전세 보증금 보증보험 : 전세에 해당하는 필요 보증 금액과 소득 기반 차등 적용, 최대 3억 이내에서 반전세 또는 풀전세 조건에 따라 조정 및 주거보험 진행(청년 신

	융자취급한도 : 최대 2억원(임차보증금의 90% 이내) 융자용도 : 임차보증금(전세 보증금)	혼부부 3억까지)
제공 주기 및 기간	만 39세까지 대출 및 이자지원 (※ 만 40세가 되는 날부터 이자지원이 중단됨) 주택임대차 계약기간에 따라 회당 6개월~2년 ※ 대출일 기준 신청자가 만 39세인 기간이 6개월 이상 남아있어야 잔여기간을 임대차 계약 및 대출기간으로 하여 대출실행과 서울시 이자지원이 가능함 회수 제한 없이 대출기간 합산 최대 8년까지 추가연장 가능	최소 1년 ~ 최대 10년까지 (계약에 따라 재갱신 가능)

* 신혼부부 임차지원금 이자지원사업은 청년 신혼부부 누구나가 아닌 조건이나 서류가 정말 까다롭고, 하나은행, 신한은행, 국민은행 대출이기 때문에 융자최대한도 최대 2억원(임차보증금 90% 이내) 즉, 나머지 금액은 충당해야 집에 대한 보증금이 가능하기 때문에 접근성과 편리성을 찾아보기 힘든 반면 주거보험은 지원이 아닌 보증과 보험 형태로 전세에 해당하는 필요 보증 금액과 소득 기반 차등 적용, 최대 3억 이내에서 반전세 또는 풀전세 조건에 따라 조정 및 주거보험 진행(청년 신혼부부 3억까지) 가능하며, 내용과 제공주기 및 기간 역시 최대 10년까지 동일하지만 자녀 수 증가에 따라 차등 추가 연장이 가능한 반면 주거보험은 최소 1년 ~ 최대 10년(재갱신)까지 대출보다 주거 보험 성격이나 접근이 오히려 신혼부부들에게 더욱 메리트가 있다.

□ 주거보험 서울 기존정책과 정책비교 및 이점
　　(대학생 주거 정책 포함 주택공급 정책)

구분	기존정책(대학생 및 주택공급 정책)	주거보험(월세 보증금 보증보험)
대상	대상자 및 서류가 정말 까다롭다. 대상이 한정적이어서 선정되기가 쉽지 않고 경쟁률이 높다. 종류도 다양하고 복잡하다. (역세권 청년주택, 청년전세임대주택, 행복주택, 신혼희망타운, 매입임대주택, 공동체·사회주택)	주거로 어려움을 겪고 있는 청년 ▷ 거주지 기준 : 서울시 ▷ 연령기준 : 만 19~39세 ▷ 소득기준 : 無 그 외 조건 없음
내용	정책 별로 시스템이 획일화되지 않고 다르기 때문에 일일이 찾아들어가야 되며, 정책마다 내용이나 서류조건 그리고 선정대상 기준이 제한적이며 복잡함 처음 집구하거나 모르는 분들은 정책 숙지 또는 찾는데 시간이 많이 소요	- 월세 보증금 보증보험 : 월세에 있어서 보증금에 따라 월세 금액이 다양하게 되기 때문에 지역 상관없이, 최대 1억 이내에서 보증금 지원되는 금액에 맞게 월세 조정 및 주거보험 진행 - 월세 계약 이후 재갱신 또는 해지 시 주거연금으로 납부한 만큼 기간의 연금 지원
제공 주기 및 기간	정책 별 기간이 다 다르기 때문에 복잡하고 헷갈림	최소 1년 ~ 최대 10년까지 (계약에 따라 재갱신 가능)

* 대학생 및 주택공급 정책은 청년 누구나가 아닌 조건이나 서류가 정말 까다롭고, 대상이 한정적이어서 경쟁률도 높고 선정되기 쉽지 않으며, 종류도 다양하고 복잡해서 어려운 반면 주거보험은 지원이 아닌 보증과 보험 형태로 가입하는 서울시 청년이면 누구나 언제든지 가능하며 주거보험 납부 금액을 산정하고 복잡하고 어려운 정책이 아닌 단순 획일화된 내용의 보험으로 주거 보험 시스템과 플래너를 통해 보다 쉽게 상담 및 이용이 가능하며, 내용과 제공주기 및 기간 역시 정책 별 기간이 다 다르기 때문에 복잡하고 헷갈리는 경우가 있지만, 주거보험은 최소 1년 ~ 최대 10년(재갱신)까지 기간도 획일화 되어 있고 재갱신이나 보다 자유롭게 이용가능하여 메리트가 있다.

□ 주거보험 예시(전·월세 보증금 보증 기반 낮아지는 주거 비용)

　○ 월세 보증금 1000/70의 경우, 주거 보험을 기반으로 보증금 (3천, 5천, 7천)에 대한 보증 적용으로 인한 월세 계약 진행 경우, 보증금 3천/50, 보증금 5천/30, 보증금 7천/10) 낮아진 금액 대비 주거보험 적용

　○ 월세 보증금 2000/100의 경우, 주거 보험을 기반으로 보증금 (3천, 5천, 7천)에 대한 보증 적용으로 인한 월세 계약 진행 경우, 보증금 3천/90, 보증금 5천/70, 보증금 7천/50) 낮아진 금액 대비 주거보험 적용

　○ 전세 보증금 2억 경우, 전세보증대출이 되는 경우면 다행이지만, 전세보증대출이 되지 않는 경우의 무직자 비롯한 프리랜서 포함한 중위소득 150% 청년에 대해 전세대출이자 금액보다 가격이 낮은 보험료 기준으로 전세 보증금 지원 및 주거보험 적용

　○ 반전세 1억5천/50 경우, 전세보증대출이 되는 경우면 다행이지만, 전세보증대출이 되지 않는 경우의 무직자 비롯한 프리랜서 포함한 중위소득 150% 청년에 대해 전세대출이자 금액과 유사 또는 가격이 낮은 보험료 기반으로 전세 보증금 지원 적용

　○ 전세 3억 경우(청년 신혼 부부), 전세보증대출이 되는 경우면 다행이지만, 전세보증대출이 되지 않는 경우의 무직자 비롯한 프리랜서 포함한 중위소득 150% 청년에 대해 결혼 및 국가 인구에 기여하는 바를 인정하여 전세 보증금 지원 적용 및 주거보험 납부 면제(결혼 후 3년~5년까지)

※ 전제조건 : 현 부동산 시세와 근접한 보증금 100만원 당 1만원 할인되는 내용으로 적용

2) 청년 주거보험 전담조직 설치

□ 청년청 산하 '주거보험팀' 설치

○ 청년 주거정책의 '컨트롤 타워'로서 청년청 산하에 '주거보험팀'을 설치

○ 정책 수립을 위한 연구 및 실태조사, 청년 주거 증진과 관리를 위한 정책
수립 및 집행, 정책 전달체계 구축 및 민관협력 기반 조성, 청년 주거보
험 정책 실행을 위한 관련 인프라 조성 등의 역할 수행

□ 청년의 주거 증진과 양극화 해결을 위한 관련 인프라 조성

○ 서울청년포털, 서울주거포털, SH공사, LH공사 등의 온라인 플랫폼 및
기관들과의 연계를 통한 상시적 청년 주거 관리 체계 구축 및 관리

○ 청년 주거보험 접근성 강화, 청년 맞춤형 주거 정책 수립 및 홍보 확대를
통한 청년 주거 비용(전세, 월세) 및 리스크 관리 체계을 위한 인프라 구축

3) 온택트(온라인·오프라인) 기반 청년 주거보험 서비스

□ 정책대상

○ 서울시 거주 만19세~39세 청년

□ 주요내용

○ 청년 주거보험 관련 공공 인프라 조성

- 권역별 청년 주거보험 상담 또는 지원 담당자 배정(구/동 단위)
- 자치구별 청년 공간 내 청년 주거보험 커뮤니티 지원체계 구축, 배포

○ 청년 주거보험 커뮤니티 운영(온라인, 오프라인)

- 현행 청년 커뮤니티 프로그램 확대 운영 : 서울시 공공영역에서 제공되
던 커뮤니티 운영 빈도 확대, 운영인력 양성을 통해 청년의 커뮤니티 서
비스 확대 및 활성화
- 디지털 커뮤니티(온라인, 메타버스 등...) 확대 운영 : 주거 문제로 고민

하고 있는 청년 누구나 이용할 수 있도록 인식개선 및 최근 디지털 분야 커뮤니티 활성화를 기반으로 사업을 통한 홍보 확대 및 접근성 제고.
- 공공, 민간의 역할 분담을 통한 커뮤니티 생태계 확대 및 활성화 : 공공서비스(청년 주거보험)의 제공 및 민간주체에 대한 중간지원의 병행으로 기존 청년 및 1인가구 주거 생태계 자체를 확대함. 이를 통해 청년시민 주거권 보장 및 주거 문제 해결 확대 및 개선

□ **청년 주거보험 브랜드 개발 및 활성화**
○ 청년 주거보험 기반 청년 및 1인가구 주거 문제 해결 포괄 브랜딩 개발
○ 청년 주거보험 민관협업으로 다양한 서비스 개발 및 확대
○ 기존 청년 주거 정책 또는 서비스와 차별화된 슬로건, 콘텐츠 개발
○ 청년 주거보험 신규 서비스 아이디어 제안 및 모니터링

□ **청년 주거보험 필요성과 비전 공론화**
○ 청년주거보험백서 제작
- 주거보험 서비스를 기반한 청년 주거 통합 데이터베이스화
- 청년 주거 플래너 및 서포터즈 비롯한 청년들의 주거 빅데이터 구축 및 관리
- 주거보험 서비스에 대한 정보 제공으로 청년들의 참여율 확대
- 발간된 백서는 청년 대상 적극적 배포 및 관계기관 비치(온라인포함)
- 백서 내용을 기반으로 보도자료 배포

○ 청년주거보험박람회 개최
- 서울청년주간 청년주거보험박람회 개최
- 청년 주거보험 관련 공공기관 및 민간기업, 단체에 정보 제공
- 청년주거보험백서 민관협업 기반으로 지속적 자료 및 정보 제공

○ 청년 주거보험 서포터즈(홍보대사 또는 청년 주거 자문단) 운영
 - 청년 주거보험 서포터즈 구성을 통해 청년 주거보험 홍보대사 위촉
 - 서포터즈를 통한 청년시민의 주거보험 관련 제안 및 모니터링 참여 확대

☐ **기대효과** : 주거보험 또는 청년 주거문제에 관심이 많은 청년들이
  직접 서포터즈 활동하면서 청년 주거문제 해결에 앞장서고 관심 있는
  청년을 대상으로 청년 주거 플래너(주거보험 담당자) 발전 가능

4) '청년 주거 플래너'(주거보험 담당자)양성

☐ **주요내용**

○ '청년 주거 플래너' 발굴 및 선정
 1) 일정: 2022. 3. ~ 2022. 4.
 2) 대상: 청년 주거 문제 해결에 관심 있는 청년 50명

○ '청년 주거 플래너' 양성과정 개발 및 운영
 1) 일정: 2022. 4. ~ 2023. 3.
 2) 세부내용
 - 양성과정 커리큘럼 개발 및 자문
  : 기본/심화/보수 과정 개발(20회)
  : (기본과정) 청년 주거 문제를 중심으로 다양한 사회문제에 대한 이해
   (청년과 주거를 중심), 상담기초, 소통방식 등 교육 프로그램 진행
  : (심화과정) 청년 주거보험 활동 온/오프라인 실습 및 체험을 통한 실
   무 역량강화 프로그램(액션러닝, 해커톤 등)
  : (심화과정) 주거보험 콘텐츠 제작 등 홍보 기획 및 실행
  : (보수과정) 청년 주거 관련 간담회 및 컨퍼런스를 통한 역량강화

○ 청년 주거 플래너 활동 지원 관리
1) 일정: 2022. 4. ~ 2023. 3.
2) 세부내용
 - 정기회의/비전수립: 이슈 파악, 해결방안 및 발전방향 모색 (월 1회)
 - 상담프로그램(일대일/집단면담 등): 활동을 하며 발생하는 어려움 및 애로사항을 해소할 수 있는 창구를 마련하고 운영함
 - 활동보고서 관리: 월 또는 분기별 이슈 및 활동 내용 보고서 관리

☐ **기대효과 :** 주거보험 담당하는 청년 주거 플래너를 통해 청년 비롯한 청년 주거보험 또는 주거문제에 관심 많은 분들의 일자리 창출 및 경제활동과 청년 주거 고민 및 문제 해결에 청년 자주적으로 지속 케어 가능

5) 청년 주거보험 확대 및 시범 사업
☐ **주거보험 접근성 강화**

 ○ 주거보험 관련 운영 시간
 - 청년들이 선호하는 시간대 우선으로 주거보험팀 전담 및 활동

 ○ 주거보험 상담 및 체험 기회 부여
 - 서울시 또는 서울시에 속한 구 관련 시설 제휴 확대 및 교차 이용 & 주거보험 관련 상담 및 체험 기회 부여

☐ **프로그램 개발**
 ○ 청년들의 주거 트렌드를 반영한 주거보험 프로그램 개발
 - 청년 자주적, 주도적으로 주거보험 프로그램 제도 개선 및 발전
 - 청년 타깃의 주거보험 공모 사업 운영, 지자체와 민간의 협력으로 주거

- 16 -

보험 프로그램 지속 및 확대

6) 청년 주거보험 성과확산 및 홍보
□ 홍보 및 캠페인을 통한 접근성 강화
- ○ 서울시 홈페이지(청년포털, 주거포털 포함) 주거보험 카테고리 신규 구성
  - 카테고리를 중심으로 한 주거보험 관련 DB 활성화
  - DB를 기반으로 한 SNS 채널 운영 및 콘텐츠 제작, 홍보 등을 통한 온라인 확산
- ○ 청년층의 유입이 많은 곳 위주로 온·오프라인 청년 주거보험 이벤트 집행

부동산은 빚이다

어둠의 빛을
희망의 빛으로 만들기 위한
우리 모두의 노력과 도전

자본주의에서 빚은 좋은 빚과 나쁜 빚이 있다고 생각한다. 사회에 도움이 되는 부분에 필요한 빚이 있지만, 개인이 무리한 빚으로 인해 사회생활이 어려울 정도에 이르기도 한다. 가계부채를 비롯한 빚으로 개인이나 수많은 사람이 어려움을 겪는 시대에, 젊은 층이 영혼까지 끌어올리는 빚을 비롯해 많은 가계부채가 부동산을 비롯한 다양한 금융자산으로 몰리고 있는 현실이다.

선진국이라는 대한민국의 속을 자세히 보게 되면, 빚으로 인해 수많은 사람의 어려움이 가중되고 있고 특히 부동산에 빚이 가중되면서 부동산 버블이 과거보다 훨씬 급격하게 불어나고 있다. 그래서 사회가 일본 또는 일본 이상의 구조조정으로 많은 사람이 큰 타격을 받지 않을까 걱정하며 안타까운 생각이 들었다.

공간을 주거 목적으로만 하는 사람이 많다면, 공간을 비롯한 부동산이 이렇게 냉정하고 냉혹하게 가격이 상승하여 주포자(주거를 포기한 사람)가 발생하지 않았을 것이다. 그런데 자본주의에서는 공간이 금융자산으로서의 가치나 의미를 가져 제로썸 게임처럼 누군가는 이익 보고, 누군가는 피해 보는 구조로 된 것이라는 생각이 들었다.

　이러한 주거 구조나 시스템으로 인해 발생하는 주거권을 비롯한 생존의 어려움과 악재를 막기 위해서는 부동산의 빚을 빛으로 만드는 프로젝트를 마련해야 한다는 생각이 들었다. 금융 빚이 아닌 태양의 빛처럼 밝게 만들 수 있는 방법은 없을까 하는 생각에서, 꼭 돈이 아니더라도 그에 상응하는 가치나 기준을 마련하는 것이 필요하다고 말하고 싶다.

　과거에 필자가 작가로 데뷔할 당시, 사회의 기준이 높아서 기득권이 아니면 책을 출판할 수 없고 상대적으로 무시와 핍박을 받았다. 그러나 필자가 하나의 케이스가 되고 나서는 다양한 사람들이 책을 출판하고 작가가 되는 길이 확장되었고 진입장벽이나 사회적인 어려움이 많이 사라진 것처럼, 부동산 역시 사회에 이바지하거나 도움이 되는 선한 영향력을 가진 케이스의 사람들에게 집을 제공하고 후원한다면, 사회에 대한 희망과 가치를 높이기 위한 노력이 더욱 많아질 것이라고 말하고 싶다.

　1인 1책처럼, 민간이든 공공이든 공간에 대한 사람의 기본 가치를 높이기 위해 '1인 1집'이라는 제도나 법이 필요하다는 생각이 들었다.

집도 없는데 세상을 살아간다는 것은 도저히 불가능한 일이므로, 무주택자 또는 미래세대에 대해서는 기존 가격이 아니라 일본처럼 0원 또는 부동산 시장 가격과 다른 가격으로 제공하고, 그렇게 제공한 사람에게는 베네핏을 주는 연구가 절대적으로 필요하다고 말하고 싶다.

사람이 먼저 우선이라고 하지만, 부동산이나 경제에서 사람이 우선일 수 없는 상황을 바꾸기 위해서는 선한 영향력을 가진 사람에게 집을 마련해주거나 증여하여 성공한 케이스가 많이 생겼으면 하는 바람이다. 공익적인 사람들에 대한 집의 기준과 가치가 달라지면, 시장이나 다양한 곳에서도 역시 변화의 바람 또는 새로운 빛줄기가 될 것이니 우리 모두 같이 만들어가야 할 것이다.

보증금,
공간의 문제에 대한
힌트와 접근

보장된 가치가 주는 기회와 실마리

필자가 SNS작가로 활동하면서 해외에 있는 한인들을 만나보니, 해외 부동산 시장과 한국의 부동산 시장에는 다른 부분들이 실제로 존재했다. 한국에는 전세나 월세 보증금이 있지만, 해외에는 그런 부분 없이 몇 달 월세를 걸어두는 형태여서 달랐다. 대한민국에는 공간에 대한 고정 금액 즉, 보증금이 있어서 주거 문제에 대한 접근이 해외와는 다르게 될 수밖에 없다고 생각한다.

앞에서 주거보험을 소개하거나 이야기한 부분도 고정으로 묶여 있는 보증금을 전제해서만 가능한 것이다. 증명할 수 있는 무언가는 사회에서 대출의 담보가 되지만, 실체가 없거나 증명할 수 없는 경우에는 사회에서 받아들이기 어렵다고 할 수 있다. 사회에서 받아들이기 쉽지 않은 구조와 상황에 놓여있는 것이 바로 청년과 미래세대들이라 할 수 있다.

청년과 미래세대들에게 가장 어려운 부분은 사회에서 인정받을 수 있는 부분이 기성세대에 비교해 극히 제한적이라는 것이다. 그래서 경제력과 공간 주거가 더욱 어렵다고 할 수 있다. 하지만 청년 또는 미래세대들에게 주거를 위한 보증금이 전제되어 주거 안정과 집을 구입하는 부분에서 경제적인 발전이 가능하다면 우리는 새로운 가능성과 기회를 만들 수 있는 것이다.

보증금 역시 단순히 돈 말고도 금융자산이나 청년들이 가지고 있는 사회적 가치에 기반한 새로운 방식이나 기준으로 할 필요가 있다고 생각한다. MZ 세대는 디지털 금융자산을 비롯한 다양한 물건 또는 새로운 재화를 가지고 있기 때문이다.

정부와 지자체가 중장기적으로 보증금 관련 예산을 점차 늘려 청년 또는 미래세대에 적용한다면, 단순히 소모되는 금액이 아니라 보증된 금액에 대한 적용 및 확대가 되는 것이다.

예산으로 소모되고 끝나서 특정인에게만 도움 되는 것이 아니라, 청년의 주거와 미래를 위한 발전에 도움이 되는 고정 예산으로 보증금을 적용하고, 청년 연령 막바지에 보증금을 생활을 위한 재원으로서 주거 연금으로 전환할 수 있다면, 인생에서 고민하는 어려운 부분을 모두 해결할 수는 없겠지만, 큰 도움이 될 것으로 생각한다.

가족에게서 보증금 또는 집을 구하는 돈을 받는 사람도 있지만, 그렇지 못한 경우가 더 많다. 그래서 대한민국이 대외적으로는 선진국에 진입이 하고 있지만, 주거나 경제 그리고 기본적으로 국민이 가지는 권리, 영위해야 할 복지나 가치는 선진국이 아닌 중위권 또는 중하위권으로 예상되므로 좋지 못한 분야에서 순위가 계속 1위를 하고 있다고 생각된다.

부동산 그리고 공간에 대한 다양한 정책과 제도가 있긴 하지만, 청년과 미래세대들이 가장 어려워하는 주거나 부동산 문제에서 중요한 열쇠는 보증금이다. 그 보증금을 아껴 저금하거나 다른 부분에 소비할 수 있도록 하는 것이 사회 발전을 위해서도 얼어붙은 시장을 위해서도 새로운 활력소가 되는 것이니 연구하고 보따리를 풀어봤으면 좋겠다.

7 대 3 부동산 변화 레시피 (민간시장 7, 공공시장 3)

민간과 공공 변화와
혁신의 시작

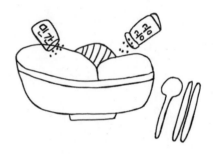

공간의 시장 구조나 점유율을 보면 공공과 민간의 비율이 맞지 않음을 우리는 인지해야 한다. 공간 또는 부동산에서 공공시장의 비율보다 민간시장의 비율이 월등히 높은 상황에서, 시장의 관리나 조정이 안 돼서 가격이 급격히 오르는 현상이 생기는 것이라 할 수 있다.

이것이 의미하는 바는 부동산 시장이 공동체를 위한 시장이 아니라 지극히 개인의 이익과 이해관계에 얽혀있는 시장 구조라는 것이다. 그래서 다수가 힘들어하거나 한계를 겪는다.

스포츠처럼 팀을 구성해서 활동하는 게임을 보면, 스포츠맨십처럼 공동체 의식과 팀을 우선으로 개인이 체계를 구축하는 연습을 한다. 스포츠를 비롯해 팀 문화가 발달한 나라일수록 다수를 위해 노력하는 모습을 많이 볼 수 있지만, 대한민국의 경우는 다른 경우가 많다. 이러한 예를 드는 이유는 부동산을 비롯해 공간에 대한 공동체 의식 그리고 미래세대를 위한 관심과 노력이 없음을 전하고 싶기 때문이다.

필자는 또 다른 2가지 예를 들어보려 한다. 한 가지 예는 축구에서의 포지션이고, 또 다른 예는 공공대학과 민간대학의 다르면서도 같은 가치이다. 축구의 경우 수비, 미드필더, 공격과 같이 포지션이 다양하고, 어느 포지션의 역할이 뛰어나고 나쁘냐에 따라 팀의 승패가 달려있다고 할 수 있다. 즉, 어느 역할이나 상황도 중요하다는 것을 말한다. 공간이나 부동산 역시 지금과는 다른 시장의 역할이 필요하다는 생각이 들었다.

공공대학과 민간대학의 경우 서로 다른 포지션과 성격이지만, 학생들의 선택과 미래에 중요하다고 말할 수 있다. 공공영역의 공간이나 부동산의 점유율과 민간영역의 공간 또는 부동산의 점유율이 정말 극명하게 차이가 나서 생기는 초격차가 도저히 따라갈 수 없는 부동산 가격 폭등의 요인이라는 생각이 들었다.

이러한 부분을 변화하기 위해서는 7 대 3 부동산 변화 레시피가 필요하다는 생각이 들었다. 민간시장 7, 공공시장 3의 점유율로 맞추기 위해 초 장기적으로 공간 대개혁과 혁신을 해야 한다고 말하고 싶다.

과거부터 공간을 비롯해 다양한 금융자산으로 축적한 부를 계속 대물림할 수 있는 이유는 시장에서 점유율의 변혁이 없기 때문이다. 다이내믹하거나 변수가 많은 시장과 제도라면 언제든 성장과 역전이 가능하다. 그러나 부동산이 가장 안정적이라고 생각하는 사람들의 인식과 프레임으로 인해 누군가는 공간과 땅을 기반으로 경제적 성장을 하였지만, 누군가는 미래 공간과 생존에 대한 압박과 부담감을 가지게 된 상황으로 전락했다.

사회주의 또는 전체주의를 말하는 것이 아니다. 자본주의에서도 복지를 비롯하여 기본적인 최소의 권리이자 가치인 주거권과 1인 1집의 보장을 실천하면, 미래에는 누구나 주거로 인해 힘들게 살지는 않을 것이다.

열 평짜리 공간에 대한

　방송과 콘텐츠를 통한 공감 확산

공간 변혁의 출발점과 중심

ⓒ이시유

　　2022년은 공간을 비롯해 부동산에 대한 해결의 원년으로서, 대한민국의 미래가 새롭게 시작되느냐 안 되느냐가 달려있다고 필자는 이야기하고 싶다. 이 책에서 계속 이야기해왔듯이, 우리는 주거와 공간을 비롯해 부동산으로 다양한 경우를 겪었으므로, 주거와 공간은 삶에 있어서 가장 중요하게 변혁해야 할 가치라고 계속해서 말하고 싶다.

　　필자가 혼자 이러한 의미와 가치를 이야기하면 어느 정도의 변화와 공감이 있을지 알 수 없다. 하지만 독자 여러분을 비롯해 많은 사람에게 조금이라도 전해지고, 책뿐만 아니라 영화, 드라마, 다큐 등 무수히 많은 콘텐츠와 플랫폼에서 이러한 내용을 전하거나 새롭게 만들어내서 더욱 활성화가 된다면, 공간으로 인한 어려움과 고민이 과거보다 훨씬 나아질 수 있는 상황과 여건이 조성될 수 있다고 생각한다.

주거를 비롯한 공간을 개혁하고 새로운 시스템과 제도를 만들고 적용하기 위한 도전과 노력을 정치인에게만 의존해서는 안 되고 모두 함께 노력해야 한다고 말하고 싶다. 많은 사람이 함께할 수 있는 것이 바로 콘텐츠와 플랫폼이므로, 이 책 〈열 평짜리 공간〉을 비롯해 공간에 대한 다양한 프로그램들이 유토피아와 같은 모습만 전달하는 것이 아니라 미래 공간의 변화 필요성도 많이 전해야 한다고 생각한다.

청년을 비롯한 미래세대와 관련한 주거 다큐나 콘텐츠들이 여러 차례 방송되기도 했지만, 미디어가 워낙 급변하기도 하고 큰 사건이나 이슈로 인해 묻혀버리기도 했다. 2022년에는 미래세대의 주거와 관련한 이야기나 메시지가 많이 나왔으면 하는 바람을 필자는 가지고 있다. 특히 이번 책 〈열 평짜리 공간〉을 시작점으로 더욱 활성화하여 이슈가 되었으면 하는 바람이다.

열 평도 되지 않는 주거를 비롯해 청년 그리고 미래세대들의 사회적인 공간, 역할, 영향력, 경제력 등 다양한 요소들이 기본적으로 행복을 느낄 수 있는 여건조차 되지 않는 상황이다. 필자가 쓴 책도 그렇지만, 방송 또는 미디어는 더욱 시각과 음향의 효과가 크므로 청년과 미래세대의 상황을 다루면, 더욱 공감과 이해도가 높을 것이라는 생각이 든다. 필자도 과거에 출판한 책 〈믿어줘서 고마워〉에 세계 최초로 증강현실 인터뷰 영상을 담자 해외에서도 관심을 가졌던 것을 보면서, 책과 미디어가 함께한 디지로그의 영향력이 상당하다는 것을 느끼게 되었다.

재미있고 반응 좋은 콘텐츠도 중요하지만, 우리 사회에 새로운 메시지나 반향을 일으키는 콘텐츠도 중요하다고 필자는 이야기하고 싶다. 그래서 필자는 SNS작가로서 기존의 인터뷰 또는 디지털 기술을 함께한 책이 아니라 미래세대를 비롯한 1인 가구와 관련한 공간, 주거, 부동산, 환경 분야와 관련한 책을 내게 되었다. 이렇듯 다른 분야에 도전한 이유는 다양한 장소에서 사람들을 보면서 겪은 현장과 경험이 그동안 필자가 작업한 분야와는 전혀 다른 분야에 도전하게 하는 용기를 주었기 때문이다.

열 평짜리 공간(주거문제)
교과서 비롯 다양한 교육 필요

미래세대들의
공간 관심과 체인지 메이커

대한민국의 SNS작가로서 다양하게 활동하면서 특히 멘토링이나 강연가로서 활동하면서, 미래세대들이 학교 교육 이외에 다양하게 경험하고 배울 필요가 있다고 생각했다. 학교에서 배운 것들이 사회 생존이나 활동에 있어서 괴리감이 드는 경우가 많았기 때문이다. 특히 어릴 적부터 직업이나 생존에 대해 경험하거나 그런 교육을 받은 사람과 그렇지 않은 사람 사이의 차이가 정말 크게 나기 때문이다.

학생 때부터 주거에 관련된 문제나 경험 그리고 교육이 필요한 이유는 성인이 된 이후에는 경험한 내용에 공감이나 적응력이 상대적으로 떨어지기 때문이다. 미래세대들이 주체가 돼서 생존해야 할 공간을 바꾸는 변화의 핵심, 즉 체인지 메이커가 되어야 하는데, 그저 학교 교육에만 매달리다 보니 해외에서처럼 프로젝트 교육이나 토론 교육이 매우 부족하여 상대적으로 주체적이지 못한 경우가 많다.

학교에서 강연하거나 멘토링할 때도 영재들과 일반 학생들의 마인드나 멘탈의 차이가 극명한데, 그 이유는 그저 학교에서 가르치는 공부만 하느냐 아니면 사회에 진출하거나 새로운 공간을 마주했을 때 어떻게 펼쳐나가고 싶은지를 경험하느냐에 따라 정말 크게 격차가 나기 때문이다. 어릴 때 격차로 인해 성인 그리고 나이가 들어서도 격차가 더욱 확대되므로, 열 평짜리 공간 즉, 주거 문제에 관해 교과서를 비롯해 다양한 매체를 통해 직·간접적으로 경험 또는 체험할 필요가 있다고 생각한다.

자신이 앞으로 겪거나 고민하게 될 문제나 상황을 해결하기 위해 노력하면서 성장하게 되기 때문이다. 사회생활에서도 직접 경험해본 분야와 그렇지 않은 분야에 대한 격차가 있는 것처럼, 어릴 적부터 주거에 대한 교육이나 경험이 있는 미래세대와 그렇지 못한 미래세대는 차이가 크다고 할 수 있다.

해외에서는 청소년들이 직업과 주거에 관심을 가지고 토론 교육과 프로젝트를 하여 사회 문제에 대한 자각과 참여가 높아지고 주체적으로 나서게 된다. 해외 청소년 중에는 이미 사회 리더로서 활동하는 사람도 많지만, 한국에서는 청소년들이 교과목에만 충실하다 보니 상대적으로 뒤떨어지는 원인이 된다. 직업과 주거와 관련하여 미래세대들이 필요로 하고 원하는 부분을 해소하기 위해서라도 주거 문제에 대해 교육하여 청소년들이 체인지 메이커로서 역할하게 할 필요가 있다.

미래세대인 청년, 청소년들이 주거 문제에 대해 교육을 받고 주거 문제 해결을 위해 노력해야 할 타이밍이 바로 지금이다. 지금 이 시기를 놓쳐버리고 시간이 흘러가게 된다면, 우리는 상황을 더욱 악화시켜 미래세대에게 큰 피해와 문제를 가지게 할 것이다. 사회 문제 특히,

주거 문제는 곧 생존과 직결된 문제여서, 대학 진학도 중요하지만 성인 또는 미래에 어떻게 생활하고 나아갈지 역시 인생을 사는 데 중요한 내용이라 할 수 있다. MZ 세대들이 최근 시대의 주체이자 새로운 시작이 되는 상황이므로, MZ 세대를 시작으로 주거 문제에 대한 사회적인 목소리와 메시지 그리고 교육을 지금부터라도 빠르게 시작하고 나아가야 할 것이다.

부실 부동산 그리고 버블,
포트폴리오와
구조조정으로 거품 빼기

부동산 위기 대비 전략

한국 부동산 기초자산 기반한 파생상품,
글로벌 자본과 시장 유입을 통한 공간 자본주의 발전

대한민국 부동산에 대한 버블이 점점 부풀어 오르고 한계가 임박하는 시점이 급속도로 다가오고 있는 게 우리의 현실이다. 특히, '부동산 부자, 현금 거지'라는 말이 생겨나는 것도 부동산이나 공간에 대한 이익과 효과를 위해 컴퓨터로 치자면 오버클로킹한 상황과 같다고 할 수 있다.

오버클로킹이란, 컴퓨터 부품 특히 그래픽카드의 성능을 고성능 또는 초고성능을 만들기 위해 기존 속성 또는 성능과 다르게 인위적으로 처리 속도를 빠르게 조작한 것을 말한다. 장치가 가진 고유의 성능과 기능을 인위적으로 급변화해서 성능이 급격하게 상승하기도 하지만 과부하로 인해 장치가 사용 못 하게 고장 나거나 터지는 경우가 많다. 컴퓨터에서도 이런 경우가 있는 것처럼, 부동산 역시 필자가 보기에는 유사한 상황이라는 생각이 들었다.

원래 가지고 있는 고유의 가치 또는 가격이면 문제가 발생하지 않겠지만, 수많은 사람의 경제적인 빚과 복잡한 변수와 요인으로 인해 감당하기 어려운 상황이 된 것인데, 점점 언제 누군가에게서 뻥하고 폭발할지 모르는 상황이 전개되는 것이다. 가장 큰 위험 요인으로는 고착화되고 단일화된 시장으로만 몰려있다는 것이다.

부동산 경기나 여건이 선진국처럼 가게 된다면 월세가 치솟고 국민이 감당해야 할 금액은 더욱 높아질 수밖에 없다. 부채가 아주 많은 부동산을 유지하기 위해 희생되거나 비용을 감당하는 것은 결국 국민이 될 것이기 때문이다. 이러한 부분들을 해결하기 위해서 부동산에 대한 포트폴리오나 분산할 수 있는 요소를 많이 만들어 위험을 나눠서 최소로 해야 한다.

행복은 나눌수록 배가 되지만, 아픔은 나눌수록 반으로 준다는 말처럼 우리에게 큰 어려움과 시련을 줄 수 있는 부동산의 위험 요소와 가치를 다양한 금융자산 또는 시장으로 나눠서 조금씩 해결할 수 있도록 하거나, IMF 때처럼 구조조정을 하는 것도 생각해 볼 수 있다. 지구촌 시대에 디지털과 금융시장이 전 세계적으로 확산되었으니 한국의 부동산을 주식, 채권, 비트코인, NFT 등 다양한 서비스나 파생상품에 분산해야 한다고 이야기하고 싶다.

다양한 재화나 서비스를 갖춘 곳일수록 발전이나 성장이 빠르다. 유독 부동산에서만큼은 획일화되거나 기존의 해법대로 접근하는데, 그런 접근의 한계를 우리가 충분히 알고 있으므로 새로운 해법과 시도가 필요하다는 것을 말하고 싶다. 글로벌 자본이 대한민국에서 집을 사는 게 아니라 부동산 시장 전체 또는 지자체별 부동산 시장에 대한 금융 서비스와 같은 역할을 하게 할 필요가 있다는 생각이 들었다.

앞으로 세계 부동산은 가상 부동산을 비롯한 새로운 방식과 가치에 영향을 받을 것이다. 부동산은 부루마블 또는 모노폴리처럼 디지털, 금융, 게임과 같이 우리가 상상할 수 없는 상황이 올 것을 인지하고, 공간에 대한 새로운 접근과 생각을 통해 새로운 결론과 미래를 맞이해야 한다.

디지털 민주주의,
디지털 경제, 디지털 기부를 기반한
미래 공간과 곳간 생성

디지털 미래와 공간을 기반한
현실 공간과 미래세대 가치 창출

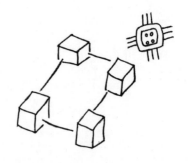

청년과 미래세대들이 절대 놓쳐서는 안 되는 공간이자 가장 잘 활용할 수 있는 공간들이 점점 생겨나고 있다. 바로 디지털 공간이다. 과거부터 인터넷이 있었지만, 과거와는 다른 속도와 버전 그리고 활용되는 아이템과 서비스들이 더욱더 급증하고 있다.

인터넷을 넘어 SNS를 비롯한 비트코인, 라이브 커머스, 블록체인, 메타버스 등 다양한 디지털 공간과 플랫폼들이 다가오는 상황이다. 앞으로는 실제 현실 공간의 민주주의, 경제, 기부가 디지털 공간에서 더욱 활성화되면서 세계가 하나로 합쳐지는 것은 물론, 새로운 부의 물결들이 우리에게 다가올 것이다. 사회 지도층에서 이미 이런 부분에 대한 준비가 진행되고 있을 수 있다.

대한민국은 전 세계에서 가장 빠른 인터넷 나라에 속한다. 해외에 다녀온 사람들은 더 공감할 것으로 생각한다. 인터넷을 활용한 서비스가 다른 어느 나라보다 빠르게 발전 또는 확산하고 있다.

특히 콘텐츠 분야가 인터넷과 SNS 플랫폼을 기반으로 많은 사람의 반응과 관심을 불러일으켜 사회에 무한한 영향을 끼칠 수 있게 된 것도 디지털 공간의 중요성을 보여주는 예이다. 유튜브를 비롯한 넷플릭스 등 인터넷과 스마트폰을 기반한 플랫폼들이 생겨나고 경제적 가치를 만들어낸다고 할 수 있다.

미래세대들에게 그래도 실낱같은 희망이자 기회는 바로 디지털 공간을 활용하여 부와 가치를 만들 수 있다는 것이다. 우리는 이 점을 절대 놓쳐서는 안 된다. 과거에는 사람들이 인터넷을 비롯한 SNS를 소통이나 메시지 전하는 정도로만 인식했지만, 지금은 포털사이트 다음, 네이버를 비롯해 메신저 카카오톡과 같이 IT에 CT가 더해진 ICT 분야의 경제적 가치가 급속도로 성장했으며, 앞으로는 디지털 민주주의, 디지털 경제, 디지털 기부가 미래 트렌드이자 키워드가 될 것이라고 필자는 이야기하고 싶다.

앞으로 오프라인보다 온라인 더 나아가서 언택트처럼 디지털과 결합한 생활과 경제활동이 더욱 활성화할 것이다. 국내뿐만 아니라 해외에서도 이러한 인터넷과 미디어를 비롯한 가상공간에서 사회 전반의 가치를 만들어내는 활동이 더욱 활성화할 것이다. 그러므로 미래세대들이 오프라인의 땅과 공간을 소유하기 쉽지 않지만, 디지털 공간만큼은 반드시 미래세대들이 더욱 확장하고 발전시켜 무한한 성장의 기회를 얻어야 할 것이다.

가상 부동산을 비롯해 주식이나 금융 역시 기존의 현물에서 디지털로 변화하고 있으며, 코인을 비롯하여 앞으로 더욱 많은 디지털 자산과 화폐가 급증할 것이다. 따라서 우리는 디지털 공간에서의 경제 재화나 서비스에 대한 금융교육과 관심이 필요하다고 말하고 싶다. 필자 역시 2013년부터 작가 생활을 해왔지만, 지금 2022년에 디지털 분야가 너무도 급성장하여 상황의 차이를 느끼는데, 미래세대들이 정말 무한히 활동하며 가치를 만들 수 있는 디지털 공간만큼은 반드시 사수하고 발전시켜 컴퓨터 쿼드코어, 옥타코어처럼 발전하길 기대해 본다.

디지털 공간과 미래가치 SNS,
대한민국 최초 SNS 문화 분야 청년 재단과
국가기구(준공공기관)의 필요성과

반드시 실현하고 싶은
SNS작가 이창민의 꿈과 도전

　　필자가 SNS작가로 책을 출판하고 작가로서의 활동이 잘 되던
때는 아버지의 건강이 매우 좋지 못한 상황이었다. 주로 SNS로 소통
하고 활동해왔던 필자에게 아버지께서는 더 많은 사람을 위해 활동
할 수 있는 무언가를 만들면 좋겠다고 말씀하셨다. 주변에 그런 이야
기를 하자, 유튜브나 개인 방송을 하면 좋겠다는 조언을 가장 많이 받
았다.

　　필자는 한국콘텐츠진흥원 같은 국가기구(준공공기관)를 SNS 분
야에도 만들어 국가와 사람들에게 도움이 되었으면 하는 바람으로
민간단체를 만들기 위해 활동하게 되었다. 특히 단체를 준비하면서
활동할 때 아버지께서 돌아가셔서 상당히 힘든 상황이었지만, 감사

하게도 주변 사람들의 노력과 은혜로 'SNS문화진흥원'이라는 사단법인을 SNS 문화 분야에서 최초로 만들 수 있었다.

SNS문화진흥원을 통해 SNS 분야와 관련한 법과 제도를 제안하고 국가와 사람들에게 도움이 될 수 있는 재단법인과 국가기구(준공공기관)를 만들기 위해 좋은 분들과 상의했다. 그때 감사하게도 모팩 대표님이 사무실을 후원해 주시는 등 주변의 도움과 관심으로 크게 성장할 수 있다고 믿고 행동하려 했다. 그런데 사단법인으로 정부의 인가를 받기 위한 기간에 코로나19 상황이 점점 악화했다.

특히 사단법인으로 승인되고 활동한 모든 기간이 코로나19 상황이어서, 거의 2년 가까이 단체 활동하면서 다양한 기회와 가능성을 보았음에도 집합 금지와 같은 사회적 거리 두기 상황에서 필자도 단체도 점점 어려워져만 갔다. 필자는 책임감을 느끼고 주변에서 도움을 준 사람들을 위해 어떻게든 좋은 상황을 만들고 싶었다. 자영업자를 비롯해 수없이 많이 회사는 물론 단체들이 없어지는 것을 보면서, 어떻게든 SNS문화진흥원을 지켜내고 발전시키고 싶었다.

단체 활동하면서 겪은 수많은 희로애락은 젊은 나이에 감당하기가 쉽지 않았다. 생각지도 못한 경험과 아픔을 겪으면서 점점 고립되기도 하고 혼자 집에서 지내는 시간이 많아졌다. 다양한 어려움을 겪으면서 이번 책 〈열 평짜리 공간〉을 생각하게 되고 책을 집필하게 되었다. 혼자 고립되고 주변 환경이나 상황이 좋지 못할 때, 집은 정말 보금자리와 동시에 가장 고통받는 장소였다. 그동안 생각지 못했던 관점에서 공간에 대해 다양하게 생각하게 되면서, 미래세대의 권리, 성장, 가능성, 지원, 보호, 아픔 등 사람이 겪는 모든 상황과 인생에서 가장 본질적이고 중요한 요소가 바로 공간이라 생각했으며, 필자의 도전과 꿈도 바로 공간이었다.

SNS 분야의 공간이 미래세대들의 문화와 진흥을 위한 공간으로 발전시키고 싶은 게 필자의 꿈이자 의지라 할 수 있겠다. 쉽지 않고 정말 어렵겠으나 다양한 가능성과 기회를 보면서 하는 큰 꿈과 도전이기에 그만큼 더 큰 어려움과 미션을 주는 것이라는 생각이 들었다.

SNS 분야의 가치는 이미 SNS작가로 활동하면서 경험하고 증명하였고, 2022년 이후에도 SNS 디지털 분야는 더욱 무궁한 상황에서 포기하지 않고 끝까지 해내고 싶은 게 필자의 마음이다. 그런 마음과 노력이 이번 책 〈열 평짜리 공간〉에 담겨 있기에 오프라인 공간(집, 사무실)과 디지털 공간(SNS, 플랫폼)의 소중한 가치에 독자 여러분을 비롯해 수많은 사람이 관심을 가지기를 희망한다. 그리고 SNS 분야 최초의 재단법인과 국가기관이라는 목표를 달성하여 SNS문화진흥원에 도움을 주고 격려하는 분들 모두에게 도움이 될 수 있는 발판을 마련하겠다는 마음을 가져본다.

외
쳐
라!

열 평짜리 공간, 주거 대혁명 그리고
공간 혁신의 시작

'The 1st space. 독거 청년 그리고 독거노인, 열 평짜리 공간'은
SNS작가 이전에 대한민국 청년으로서 부산에서 서울로 와서 1인 가구
로 지내면서 겪은 희로애락을 서술한 부분으로, 대한민국의 청년을 비롯
한 1인 가구로 지내는 모든 사람, 즉 독거 청년과 독거노인 그리고 미래세
대들이 겪을 공간에 대한 아픔과 감정을 담아보았다.

독거 청년과 독거노인들이 더욱 많이 생기는 상황에서 공간에 대
한 일인칭적인 경험과 관점을 담은 부분이라 할 수 있다. 여기서 핵심 메
시지는 일차원적으로 1인 가구를 비롯한 독거 청년 그리고 독거노인까
지 공간에 대한 미래가 점점 멀어지고 힘들어지는 상황을, 독자 여러분
을 비롯한 수많은 사람이 공감하고 이 문제의 해결을 위해 노력해야 한
다는 것이다.

공간의 가치나 가격이 상승하면서 미래세대에게는 공간이 더 줄어드는 상황에서 미래세대를 보호하고, 지금 1인 가구를 비롯해 주거로 인해 어려움을 겪는 수많은 사람이 열 평도 안 되는 공간에서 주거하는 현실에서, '열 평짜리 공간'이라는 키워드로 공간에 대한 메시지를 전달하여 공간과 관련한 변혁이 발생하길 바라는 마음을 담았다고 할 수 있다.

필자도 월세로 사는 상황이어서 공간에 대한 걱정과 두려움을 가지고 있다. 의식주가 과거보다 나아지고 있는데, 그중 옷과 먹는 것은 과거보다 나아졌다는 것을 체감하지만, 주거는 체감하기 어렵고 노답인 상황으로 느끼는 사람이 더욱 많아졌다고 생각한다. 지금 공간과 주거로 인한 아픔과 어려움을 해결하지 못하면 더욱더 어려움을 겪을 것임을 암시했다.

'The 2nd space. 보이지 않는 미래, 서러움과 고통의 열 평짜리 공간'에서는 청년을 비롯해 미래세대들이 겪고 있는 어려움의 핵심은 바로 보이지 않는 미래라는 것을 서술했다. 어떤 상황을 진행하거나 끝내면 다음 상황으로 넘어가거나 긍정적 요소를 찾기 마련인데, 청년을 비롯한 미래세대들은 열악한 조건, 특히 경제적인 차이와 주거 공간의 격차로 인해 미래로 나아갈수록 더욱 격차가 심해지고 있다. 따라서 사회에서 발생하는 극심한 문제들의 시작점은 주거라는 내용을 전하고자 했다.

The 1st space에서는 일인칭 관점에서 공간을 서술했다면, The 2nd space에서는 사회 또는 사람들의 관점과 생각에 포커스를 두고 서술했다고 할 수 있다. 공간은 개인뿐만 아니라 국가의 미래나 성장에도 중대한 영향력과 파급력을 미칠 수 있는 것이다. 최근 들어서 부동산을 비롯해 공간에 대한 사회적인 문제나 이슈들이 생기면서 그나마 공간에 관심과 공감이 높아진 상황이라 할 수 있다.

국내뿐 아니라 해외에서도 주거에 대한 미래세대들의 걱정과 보이지 않는 미래는 더욱 우리를 막막하게 하고 있다고 할 수 있다. 주거로 인해 발생한 불균형과 불평등을 해소하기 위해 생각과 힌트를 전하기 전에 꼭 필요한 내용이라 생각되어 'The 2nd space'를 서술하게 되었으며, 공간에 대한 비전과 새로운 희망을 만들기 위해 우리의 관심과 참여가 필요함을 서술했다.

'The 3rd space. 공간과 환경의 상관관계와 주거 판갈이론'에서는 공간에 대한 새로운 관점과 해석을 담아내려고 노력했다. 기존의 전문가 방식으로는 선진국의 상황을 답습하는 것에 불과하므로 청년의 자주적인 관점에서 그리고 더 나아가서는 창의적으로 특히 공간과 부동산에 대해 도전하려고 했다. 공간과 부동산에서 가장 큰 문제는 사람이 우선이 아니라 냉혹하고 이성적인 자본에 매몰되어 있어서, 공간에 대한 정책과 제도가 차갑거나 어렵게 느껴진다는 것이다. 그래서 우리 사회가 공간에 대해 감성적이고 사람을 우선하는 마음과 관점을 가졌으면 하는 생각에서 도전해 봤다.

이번 책은 솔직히 필자가 그동안 써온 책과 전혀 다르게 새롭게 도전하는 내용으로 초심자의 마음으로 서술했다고 할 수 있다. 하지만 필자가 지난 8년간 수많은 장소에서 사람을 만나고 활동하면서 겪은 경험과 관점은 다른 사람들보다 더 많다고 생각하여, 이번 책에 새롭게 다가갈 용기를 가지고 시도할 수 있었다. 공간에 대해 도전하는 기회를 만들 수 있는 매개체를 만들고 싶었는데, 다행히 환경일보 이미화 대표님의 지원으로 이번 기회를 가질 수 있게 되었다.

　　'The 3rd space'에서는 특히 주거와 환경의 관계나 주거와 환경에 관한 다양한 관점과 시각을 담았다. 우리 사회 또는 전 세계에서 환경의 중요성을 인식하는 사람들이 있지만, 개인에게 직접 와닿지 않아서 무관심하거나 방관하는 사람도 많다. 우리의 생존 또는 생활을 위협하는 주거 환경은 미래에 지속적인 위험으로 다가오고 있음을 서술하고, 주거 판갈이론에 대한 명분과 필요성에 공감하고 이해하기 위한 내용을 담았다.

　　'The 4th space. 우바미, 우리가 바꾸는 미래 - 공간에 대한 바람과 메시지'에서는 우바미, 즉 우리가 바꾸는 미래를 키워드로 공간에 대한 창의적인 내용을 서술했다. 과거의 사례나 해외의 사례에서 가져오는 방식으로는 대한민국의 공간 미래가 성장할 수 없는 상황에서 공간에 대한 다양한 접근과 가치를 서술했다고 할 수 있다.

　　특히 금융 세분화에 기반한 구조조정으로 부동산 거품을 줄여나가고, 디지털 미래 분야를 통해 새로운 공간과 경제 가치를 만드는 등 새로운 형태로 공간에 접근하며, 사회에서 어려움을 겪는 주거 분야에 주거보험이라는 사회보장제도를 도입하자는 내용을 처음으로 주장했다. 필자는 멘토링하며 사람이 성공하려면 지금까지와 반대로 또는 다르게 살아야 한다고 이야기하는데, 공간 역시 기존 방법과는 반대 또는 다른 관점에서 시도하고 도전해야 새로운 결과를 만들 수 있다고 서술하였다.

공간에 대해 새롭게 시도하고 선택을 할 수 있는 가능성이 대한민국에서는 2022년이 적기이다. 이러한 것을 해내기 위해서는 필자뿐만 아니라 이 책을 읽는 독자부터 수많은 사람의 목소리와 의견이 적극적으로 나와야 변화와 혁신이 더욱 빠르게 진행된다고 서술했다. 미래세대와 함께 공간의 가치를 만들기 위해 서술한 이 책 〈열 평짜리 공간〉에서 가장 다양한 의견과 호불호가 생길 부분이면서 기대를 담은 부분이기도 하다. 특히 미래세대들이 디지털 공간과 SNS만큼은 꼭 미래자산이자 가치로 함께하길 바라는 필자의 마음과 꿈을 담았다.

마지막으로 주거 대혁명과 공간에 대한 혁신 운동이 2022년에는 필요하며, 그 시작점이자 매개체가 〈열 평짜리 공간〉이고자 소망하는 마음에서 이 책을 서술했다. 만화 〈나루토〉를 모티브로 해서 지라이야가 쓴 〈근성닌자전〉에서 주인공 나루토가 세상을 구하는 키워드이자 열쇠인 것처럼, 필자의 책 내용이 부족할지라도 공간에 대한 혁신과 혁명의 열쇠가 되기를 소망한다. 청년을 비롯한 미래세대들의 공간과 사회 영향력 그리고 미래를 서술한 〈열 평짜리 공간〉을 읽은 모든 분께 진심으로 감사함을 전한다.

2022년까지 필자와 함께한 SNS친구들(카카오스토리, 페이스북, 인스타그램)과 가족 그리고 필자를 믿어주고 응원해 주신 모든 지인, 특히 필자가 SNS작가부터 SNS문화진흥원까지 SNS 분야의 가치와 역사를 만드는 데 함께하고 후원·협찬해 주신 모든 분께 진심으로 감사의 마음을 전한다. 비록 필자의 작은 이야기와 생각이지만 독자 여러분께는 큰 가치와 의미가 되기를 진심으로 소망하면서, SNS작가이자 청년 이창민이 경험한 공간에 대한 생각이 담긴 책 〈열 평짜리 공간〉의 진정성과 가치를

전하면서 작으나마 세상과 사람들에게 도움이 되길 소망한다. 열 평짜
리 공간 이상의 희망과 행복이 있는 공간에서 우리 모두 함께할 수 있다
고 믿고 싶다. 열 평짜리 공간~! 주거 대혁명과 혁신의 시작을 외쳐보자.

2022년 1월
SNS작가 이 창 민

우리 모두에게 희망과 행복으로 채워나갈
열 평 이상의 공간이 생기길 바라며.

〈열 평짜리 공간〉을 위해 후원 또는 협찬해주셔서 진심으로 감사합니다.

초판 1쇄 인쇄 2022년 2월 15일
초판 1쇄 발행 2022년 3월 1일

지은이 이창민
발행인 이미화
캘리그래피 이상현
일러스트 이창민
디자인·사진 장은진

발행처 (주)환경일보
주소 서울특별시 마포구 독막로22길 3 서강빌딩 4층
전화 02-715-7114 **팩스** 02-715-7356
홈페이지 www.hkbs.co.kr
전자우편 hkbs@hkbs.co.kr
출판신고 제 2016-000233호